ポロシティ
マネージメント

世界に適用する
ゼロポシティの哲学
をいかに活用するか

ポロシティ マネージメント

世界に適用する
ゼロポシティの哲学
をいかに活用するか

RAHAT A BHATIA
松野茂弘

Worldwide Published by
Pendown Press

PENDOWN PRESS LLP

An ISO 9001 & ISO 14001 Certified Co.,

Regd. Office: 3767A, Kanhaiya Nagar,
Tri Nagar, Delhi-110035
Ph.: 8130886000, 9650072927, 8595249536
E-mail: info@pendownpress.com
Branch Office: 1A/2A, 20, Hari Sadan, Ansari Road,
Daryaganj, New Delhi-110002
Ph.: 011-45794768
Website: PendownPress.com

First Edition: 2023
ISBN: 978-93-5554-763-7

Layout and Cover Designed by Pendown Graphics Team
Printed and Bound in India by Thomson Press India Ltd.

献呈…

私の思考を形作ってくれた両親。彼らは私の足元にしっかりとした土台を作ってくれました。彼らのサポートは揺るぎないものでした。彼らは私に決してあきらめないように教えてくれました。彼らは、熱心に献身的に働くこと、常に新しい挑戦と機会を探求し続ける価値観を私に教えてくれました。

矢崎さんからのメッセージ

はじめて著者である Rahat A Bhatia氏にお会いした時、不思議と話が弾み昔から一緒に頑張ってきた同志のように感じ、その日から友人関係が始まりました。私の話を最後まで聞いてくれる。話の内容のさらに先まで考えアドバイスをしてくれる。誠実に迅速に行動を起こしてくれる。技術の話は真剣に、食事の時は豊富な知識から出る楽しいお話、そしていつもの笑顔。

英語版では、本文の絵のみ拝見して終わりましたが、日本語版の出版にあたり全文読ませていただきました。

ZERO POROSITY MANAGEMENTは、鋳造メーカーとしての経営的視点から鋳巣管理に注力すること。今の鋳巣の問題をそのままにした場合の将来的な経営状況が書かれてある。対応が難しい鋳巣に関してどのように管理していけばよいのかを具体的に書かれている。今まで鋳造してきた製品が大きく変化している今だからこそ、実践していかなければならないZPMシステムの中身をこの本で知ることができました。

28年間携わってきたダイカストが今まで以上に興味深くなり、まだまだ探索しなければならないことがあることを知ることが出来ました。Rahat氏に改めて感謝致します。併せて私が読めるように翻訳してくださったMatsuno氏に心から感謝申し上げます。このダイカスト業界に携わるすべての方々に一度は読んでいただきたい本です。

~Mr. K. Yazaki

President, Yazaki Kogyo Co., Ltd.

Japan

内容

未来に向かって

Rahat A Bhatia 氏はダイカストについて学びたいことがあれば何でも相談できる真髄の専門家です。彼にと ってダイカストはただの工業上の事象ではなく完璧な哲学なのです。

私はRahat氏のことを何年も前から知っており、彼の知識と洞察力の熱烈なファンです。私はダイカストに関する本は読みたいとは思っていませんでした。なぜなら正直な話し、繰り返しますがダイカストに関す るほとんどの本は分厚く、技術的な内容が多く理解できないからです。過去26年間私はダイカストに関する 本を何冊か読んできましたが。

しかしながらZero Porosity Managementを読み始めたところ、それを止めることはできませんでした。それ は本当にページチェンジャーでした。ダイカストプロセスにおいてゼロポロシティを追究している人にとっては(そうでない人はいないでしょう)、この本は避けることができないフェイルセーフの全体論的なアプローチを詳しく説明しています。どんなに高度なダイカストプロセスにおいても、システムにZPMの哲学が根付いていなければ多くのことを達成することはできません。誇張ではなく、この本はゲームチェンジャーで あり、すべての真剣なダイカストキャスターに推奨される本であると言えます。

なぜ私がそういうのか。なぜ私がそのような大きな主張をするのか。人生の大半をダイカスト業界で過ごしてきた私にとって、この本で言及されているすべての経営プロセスを目の前で見てきたためです。実際、その展望を考えると、なぜ今まで誰もこのような本を書いてこなかったのか不思議に思っているところです。

この本は誰のためのものか。会社のオーナー、CEO、CXO、また社内にパラダイムシフトを導入することができる主要な地位にある人々のためにあります。それはゼロポロシティのイデオロギーを上から下まで浸透させるためのロードマップ、またはフレームワークを定義しています。組織内の誰もが、ポロシティを最小限に抑える責任があります。現場で働いている人だけではありません。金型設計をしている人だけではありません。マネジャーだけではありません。どのような材料が使用されているか、どのようなテクノロジーがメンタル的な姿勢を作り出すために使用されているかなど、個々の様相すべてがポロシティを最小限に抑えるという集合的な目標につながります。それではどのようにすればいいのか知りたいですか、この本を読めばわかります。

– D Sundar,

President, Rane (Madras) Ltd -
Light metal castings India

未来に向かって

読者の皆様、こんにちは

ダイカスト業界の真の先見の明のある専門家である　Rahat　A Bhatia氏が執筆した注目すべき本『ゼロ・ポロシティ・マネージメント』をご紹介できることを大変うれしく思います。

特殊電極株式会社の社長として、世界的に高い評価と評価を得ている書籍にこの序文を寄稿できることを光栄に思います。

この本を拝読し、共感できるところが多いことに喜びを感じました。

私も溶接業界に身を置いて３０年が過ぎましたが、溶接欠陥発生ゼロを目指して日々業務を行ってまいりました。しかしながら、ゼロにはできない現状をどう改善していくのか、今でも取組んでいるところです。

また、同じ経営者として、従業員エンゲージメントの重要性、私の思考を形作ってくれた両親への感謝、などRahat氏へ共感できるところです。

これからもRahat氏と親交を深めて参りたいと考えています。

皆様、是非この本をご一読いただきたいと思います。

私はこの本を心から支持し、業界に新たな基準を打ち立てる独創的な著作を生み出したRahat A Bhatia氏を祝福します。

探索と実行の旅がうまくいくことを願っています。

心から、

~Mr. H. Nishikawa
President, Tokuden Co. Ltd
Japan

謝辞

この本は私が30年以上ダイカスト業界に深く携わってきた集大成です。所定の時間内にこの本を完成させることができたことを光栄に思います。私の周りにいる多くの人々の積極的な支援がなければ、この本を完成させることはできなかったでしょう。

謝辞は私のマーケティングコーチであるAkshar Yadav氏のことを言及せずには語れません。彼はこの本を 執筆することに背中を押してくれました、そして現在のこの本の主要な邪分を形成するのに大きな役割を果たしてくれました。この本はまた、ダイカストのプロセスとマネージメントについての知恵と意見を心から共有させていただいたダイカスト業界のリーダーから、インスピレーションと参考文献を引用させていただきました。

またこの場を借りて、責任の範疇を超えて、私が必要とした情報、設備、研究開発に関して手配をしてくれたRagaチームにも感謝の意を表したいと思います。

もちろん、私が書いた本を読んでくれている読者の皆さん、本当にありがとうございます。あなたがこの 本を読む決心をしたことで、私の努力が実り価値あるものになったことを感謝いたします。

Pendown PressのCEOであるDinesh Verma氏と彼のチームには、クリエイティブなプロセスでサポートと提案をしていただき感謝いたします。

特別な謝辞

親愛なる松野氏へ

『Zero Porosity Management』の日本語翻訳におけるあなたの揺るぎない献身と並外れた努力に心から感謝し、光栄に思います。このプロジェクトに対するあなたの献身と情熱は本当に私の心に響きました。

あなたが貴重な時間を 6 ケ月以上費やして、この本のすべての単語が正確かつ明瞭に翻訳されるよう努めたことは注目に値します。あなたの細心の注意と細部への配慮が、間違いなくこの本の日本語版の品質と信頼性に貢献しました。

さらに、業界内でこの本を宣伝するためのあなたの努力は並外れたものでした。これらのページで共有されているコンセプトに対する皆様の揺るぎないサポートと信念により、「ゼロポロシティ管理」のメッセージは国境を越え、日本の無数の個人や組織に届くことができました。

あなたが私の日本のビジネス上の先輩であり、タイのTOKUDEN TOPALマネージング・ディレクターであることを非常に幸運に感じています。あなたの友情、指導、そしてビジネスの洞察力は、私たちの旅を通して貴重な財産でした。

本書の日本語版が世界中の読者の手に渡るにあたり、皆さんの取り組みが今後も日本企業の専門家にインスピレーションと力を与え、継続的な改善と成功の文化を育むことを確信しています。

特別な謝辞

もう一度、この本に対するあなたの多大な貢献と、そのメッセージを共有するための揺るぎない支援に心から感謝します。私たちのコラボレーションは豊かな経験であり、一緒にさらに多くの成果を達成できることを楽しみにしています。

深い感謝と温かい敬意を込めて、

~Rahat A Bhatia

第1章

なぜこの本なのか なぜ今なのか

今世界は混乱の真っただ中にあります

エネルギーコストは上昇しています

パンデミックは衰えようとしません

天然資源は驚くべき速さで枯渇しています

しかしながら、暗雲の周りにはシルバーラインが見えます。軽量で非化石燃料ベースの輸送手段の出現です、これについては後ほど説明します。

上記の変化(およびその他多くの)は、ダイカスト業界に前例のない機会とチャレンジをもたらしました。

世界を変えるあらゆる自然現象と同様に適応しなければ滅び、逆にもし適応できれば大きな利益を享受することができます。

そのためにこの本は長期的な持続可能性の観点から書かれています。この本を読みその推奨事項を実行すれば、滅びる道を選択するのではなく成功への道に導かれることになるでしょう。

どのように、そしてなぜ？

ゼロポロシティは無限の成長への道なのです。

ポロシティはダイカスト業界が直面する最大の課題の一つです。

ポロシティは拒絶されます。それは粗悪品の発送であり、国内及び海外の競合他社に対して不利な立場に追い込まれることになります。ポロシティを減らすことができない何千ものダイカスターが破滅に追い込まれています。ポロシティをゼロレベルに近づけることでビジネスの収益性を高めたいですか？

自動運転が成し遂げられるように、総合的な職場文化にゼロポロシティを達成するという経営哲学を確立したいですか？

そのためにはこの本があなたのお役に立てるでしょう。

必要な戦略は何ですか? 世界を変える出来事が起こっている真っただ中で、どのようにしてビジネスを持続可能にしていきますか? ゼロポロシティの全体的なレベルを達成するために必要なメンタル的シフトをいかに形成していきます か?

これらのすべてが、またその他の多くのことがこの本でカバーされています。この本が約束をする主な要点は次の通りです。

- 熟練者や経験者への依存度の低減
- 利益率の高い高難度製品への対応
- 事業ボトムラインとコストの削減

誰がこの本から恩恵を受けることができますか?

必読者は

- グローバルなダイカスト企業のオーナー、意思決定者、CXOを含むトップレベルの経営陣
- シニアマネージャーと下記エンジニア
  - 部品と治工具設計
  - 生産及びプロセスエンジニアリング

  - 金型メンテナンス及び溶解
- ダイカストに情熱を燃やしている人
- プラスチック成型や金属鋳造のような補完し合う業界の専門家(類似アイデア、類似、類推を通して)

この本から何を学びますか?

- 現在のビジネスの挑戦者、ビジネスへの影響、予想される将来
- 未解決の課題に起因する数百万ドル及ぶ損失の低減
- ポロシティを最小限に抑え、プロセスでビジネスを最大化する方法
- ポロシティ管理に関する神話と認識
- 一般的なソリューションがうまく作用しないことの理由
- ポロシティゼロを企業の最終目標とする意義
- ゼロポロシティ管理フレームワークを使用して収益性を高める方法
- 完全なエコシステムとしてポロシティゼロ管理を進化させる方法
- 組織内でのポロシティゼロ文化の育成
- ポロシティゼロに向けた新しいテクノロジーソリューションとは?
- ダイカストの分野で先駆的な仕事をした専門家からの識見

この本の紹介

- 概念としてのゼロポロシティ(ZP)
- 道具としてのゼロポロシティマネージメント(ZPM)

下記の回答がある場合

- トップ管理者向け: ZPM が会社の 1つのツール、1つの目標、1つの目的になる理由
- 中間管理職向けに: ZPM を実行する方法
- 下位管理職向けにZPM を遠成するために何をする必要があるか

この本に含まれているもの

- ゼロポロシティに対するチームのトレーニング
- 教えやすく、学びやすく、再現可能なフレームワークの実行
- ZPM フレームワーク、ZPM 360、ZPM カルチャーなどを含む、ZPM エコシステムを複層的ではなく理解

この本にはないもの

- 技術ジャーナルもしくは研究論文
- 理論上の出版物または調査結果

  ※ZPMはこれまでいかなる所にも適用されていませんでしたが、この本は、ダイカスト会社がその可能性を最大限に引き出すための、考え、アイデア、およびフレームを創生するための実直な試みとなり ます。

私について(著作者)

ポロシティマネージメントのエキスパート

こんにちは、私の名前はRahat A Bhatiaと申します。私はゼロポロシティのスペシャリストです。RAGAグループの創設者であり、ダイカストとエンジニアリングの分野で29年を超える実務経験を有 しています。心から誠実な起業家であることをモットーとしています。私はハイサラリーの会社に勤めていましたが、ダイカスト会社に新時代のソリューシ

ョンを提供する志を持って自分の会社を始めました。現 在、RAGAブランドはインド国内におけるリーダーであり世界中で知られるようになっています。

長年にわたり、新興国のダイカスト市場向けのマーケティング、運用、革新的な製品開発の経験を積んできました。

国内リーダーとしてシンプルで効果的な戦略を用いることで、好結果のビジネス頂点を極めることができました。

私のモットーは、顧客のために「価値創造」を提供することです。私は、顧客との永続的な関係を導き最大の満足を提供することができることを強く信じています。

以下、このすばらしい旅立ちの中間目標達成の一部を紹介します

- アジアNo.1のダイカストプロセス最適化エキスパート
- ダイカストプロセスの制御と監視における 26 年以上のグローバルな経験
- 17ケ国 (東南アジア、ヨーロッパ、アメリカを含む) で 350 以上のダイカスターを支援し、鋳造不良を減らし、金型の寿命を延長
- 最新のダイカスト技術革新に関する ALUCAST (インドアルミニウム鋳造協会) で技術講演を行いま した。
- NSFCA USAでエキスパートスピーカーを務めました
- North ALUCAST(北インドアルミニウム協会) 副会長として継続的に貢献しています。

第2章

ダイカスト業界が今日および 2030 年までに直面するチャンスと課題

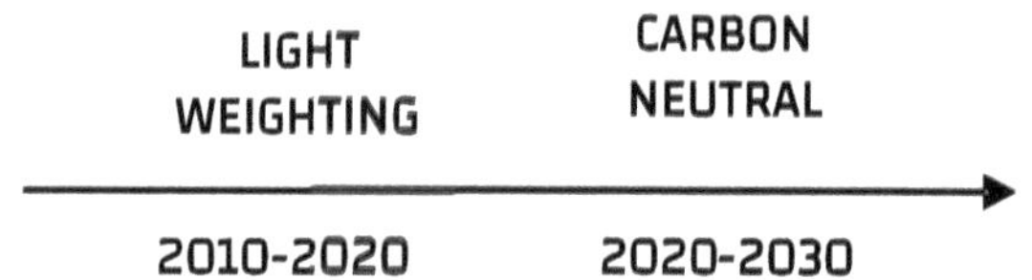

2020 年から 2030 年は軽量電気自動車の時代です。その結果、軽量化は車両効率を高めるための重要なパラメータとなります。

1 回の充電でより多くの走行距離を達成するために、電気自動車 (EV) は大量のアルミニウムと複合材を使用します。業界はエンジンから EV へと変化しています。しかしながら、車両あたりのアルミニウム使用量は増加しています。

世界は低公害車に向かって急速に進んでいます。車両の汚染を減らし、燃費を向上させるために、自 動車メーカーは軽量の非鉄金属を使用して自動車の重量を減らしています。

ダイキャスト部品は自動車の軽量化に重要な役割を果たすことになります。

これは、現在および将来のダイカスターがこの旅立ちにもっと貢献しなければならないことを意味します。

ダイカスト市場は 2021 年に 611.2 億米ドルと評価され、2027 年には 863 億米ドルに達すると予想 され、予測期間 (2022 ～ 2027 年) で 年平均成長率は5.92% を記録するものと思われる。

~Mordor Intelligence レポート

Covid-19のパンデミックは、製造業界に大きな影響を与えました。サプライチェーンの混乱と世界中の 貿易制限により市場は減速しました。

ダイカストマーケットは大きくは以下により左右されます

- ダイカスト業界におけるサプライチェーンの複雑さ
- 自動車業界の進化
- 産業機械におけるダイカスト部品の割合
- 建設部門の成長
- 電気および電子機器におけるアルミニウム鋳造品の適用

しかしながら、冶金業界が越えなければならない大きなハードルがあります

- 原材料の供給不足
- 不安定な原料価格
- 排出物に関する環境規制

以下、注意深く観察し、それに応じて準備する必要がある業界の発展をいくつか紹介します。

ダイカストプロセスでのアルミ化拡大の可能性

アルミニウム製品の生産と消費は、アジア太平洋とヨーロッパの地域で増加しています。これは、

複数の産業用途でハイプレッシャーアルミニウムダイカスト製品の使用が増加したためです。

自動車部門と非自動車部門の両方で、軽量コンポーネントと高導電性金属部品に対する要求がますます高まっています。このように、アルミダイカスト市場の成長は今後も続くと思われます。

アジア太平洋地域で大きな成長の期待

アジア太平洋地域は、ダイカストの増加により、ダイカストで最大の市場シェアを保持すると予 想されています

- 中国やインドなどの自動車需要
- さまざまな用途でのアルミダイカスト部品の消費
- 産業部門からの全体的な需要
- 風力発電や電気通信などのアプリケーションの急増

同一地域のダイカスト部門の市場成長をさらに加速するその他の要因:

- インドと中国における安い労働力と低い製造コスト
- インド、中国、日本などの国での技術の復活
- 政府はアジア太平洋地域で電動化移動手段を使用するためのインセンティブを提供

ダイカストビジネスに影響を与える変化

ダイカスト市場には、多数のグローバルおよびローカルプレーヤーがいます。主要なプレーヤーは、パ ートナーシップ、合弁事業、合併を形成し、さらに小規模なユニットを買収して世界的な競争力を獲得しています。

最近の開発状況をいくつか紹介します。

~Mordor Intelligence レポートより

2021年4月: Aludyne は、アルミダイカスト部品を製造する Shiloh Industries CastLight 部門を買収

2021年3月: Sandhar Technologies は、Unicast Autotechsと同社のアルミニウム ダイカスト事業を買収するために拘束力のない MOU を締結

2021年3月: Rheinmetall AG は、ドイツの自動車メーカー向けに 1 億ユーロのエンジンブロック供給契約を獲得、2023 年にフル生産を開始。契約は 2030 年を超えて延長。

2021年2月: Endurance Technologies は、インドのタミル・ナードゥ州カンチープラムにある新工場で 商業生産を開始。アルミダイカスト、二輪・四輪ディスクブレーキ部品のインテグレーションを生産

2021年4月: インドの Jaya Hind Industries は、KS Huayu AlutechGmbH (KSATAG) との自動車用シリンダ ーブロックとシリンダーヘッドの製造に関する技術提携を2027年まで延長。この契約には、電気自 動車のシャシー用構造部品など、Sunrise Industriesの新しい部品も含まれる。

重要な市場である北米はどうか？アルミダイカスト市場は、建設および自動車部門の成長に拍車 がかかり大幅な成長が見込まれています。

第3章

カーボンニュートラルとダイキャスティング

カーボンニュートラルとは何か

カーボン ニュートラルとは二酸化炭素排出量が正味ゼロの状態をいいます。これは、二酸化炭素の排出とその除去のバランスを取ること(多くの場合、カーボン オフセットによる)、または社会からの 排出をなくすこと (「脱炭素経済」への移行) によって達成できます。

~Wikipedia

簡単に言えば、ダイカスト会社が鋳造品を製造する場合にグラムあたりの燃料、電気、ガス、水の消費量を減らすことができれば、カーボンニュートラルとなります。

クリーンエネルギーを生成しそれを消費に使用している場合もバランスを取ることができます。もう1 つの方法としてカーボンクレジットを購入し、総カーボン負荷を相殺することができます。

実際、生産効率を高め生産コストを下げるコンポーネントとして、航空宇宙、通信、農業、スポーツ、大量輸送、防衛、建設、インフラストラクチャー、照明 (ほんの数例を挙げると) など、ますます 多くの産業がダイカストを使用するようになるため、2030 年はダイカストの時代と呼ぶことができ るでしょう。

ダイカストがカーボンニュートラルのために果たしているこの役割は、今後飛躍的に拡大するでしょ う。

ダイカストは現在車両の軽量化に大きく貢献しており、カーボンニュートラルを実現しています。

1. 燃焼ガス 1 リットルあたりの走行距離の増加
2. EVの充電あたりの走行距離の増加

ダイカストがカーボンニュートラルのために果たしているこの役割は、今後飛躍的に拡大するでしょう。これは朗報であると同時に、挑戦でもあります。

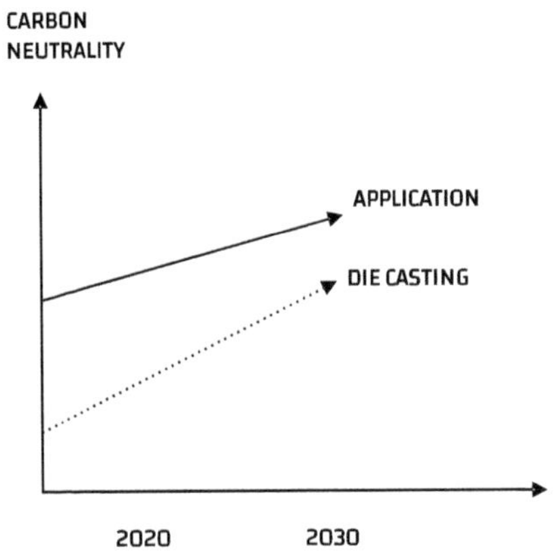

すべての自動車市場は、より効率的でカーボンニュートラルになるように取り組んでいます。彼らの 目標は今後 10 年間で明確に定義され宣言されていると言ってもいいでしょう。ダイカストに関して言えば、カーボンニュートラルは今ではすでに過去の言葉となっているのです。

ダイキャスターにとってカーボンニュートラルになるという圧力は、もうすぐそこに迫っています。 これが意味することは、次の10年間ダイキャスターは高度なカーボンニュートラルを達成すること の壁にぶつかるということです、自動車メーカーと同じようなアプリケーションを用いることで、さらに大きな進歩を遂げなければならないということです。

ダイキャスターは、自社の業務にカーボンニュートラルの概念を導入することが重要です。

これは、ダイカストマシン、炉、自動化、使用される周辺機器など、ダイカストのあらゆる場面で消費するエネルギーを少なくすることで達成できます。

ダイカストマシンと炉のメーカーは、各々の製品に対してカーボンニュートラルを実現するためにあらゆる努力を払っています。

カーボンニュートラルであることは、単に環境に優しいことだけではありません。それはまた

ROI (Return on Investment) がより速くなることを意味します。それはどのようにして?

カーボンニュートラルは、効率的でなければ達成できません。効率的なシステムは、より少ないエネルギーを使用します。また、スクラップも少なくなります。スクラップが少ないということは、不合格や再溶解の事例が少ないことを意味します。最終的により少ないエネルギー消費でより多くの すぐれたダイカスト製品が生産されます。

2つのメリット: カーボンニュートラルの目標を達成するとともに、より多くの利益を得ることができ ます。

2030 年までにカーボンニュートラルを達成することはもはや選択の問題ではなく、必要なことであることを忘れないでください。

第4章

活性化したダイカスト事業の持続

ダイカスト事業においてCovidが私たちに与えたような予期せぬヘルスケアの課題に備える必要 があります。インドでは、自動車が B4 から B6 に移行し、大きな転換の課題がありました。これらはすべて、業界がこれらのことに対応するために非常に活性化してきたことの一部と言えます。 また半導体チップ不足はビジネスにも影響を与えています。管理下でコストをキープすることもも う 1つの課題と言えます。

~ インドを代表するダイカストのベテラン

新型コロナウイルス感染症の流行、半導体チップの不足、そしてロシアとウクライナの戦争など、こ れらの連続によりダイキャスターはさまざまな困難に直面しています。

ダイカストビジネスは、モジュール化され、機敏でフレキシブルになる必要があります。そして、それが将来のリスクを克服するための準備となります。

ダイカスト業界は長いトンネルから抜け出るように更なる回復力と適応力により、これらの課題をチャンスに変える上で有利な立場に立つと確信しています。

新しい世代が業界に加わり、業界は枠にとらわれない思考と研究の活動の場になりつつあります。ダイナミクスは変化しています。変革と破壊はゲームの代名詞です。

見えない、破れない挑戦の壁

どこで立ち往生しているのかわからない状況に陥ったときのシナリオを想像してみてください。立ち往生している理由はわかっているが制御できない別のシナリオを想像してみてください。ダイキャスターは常にこれらのシナリオの両方で立ち往生しています。

予想外の立ち往生に挑戦: Covid-19 は典型的なケースでした。

その他の課題は次のとおりです...

グローバルからローカルへ

最近では、グローバルからローカルへの大きな変化があり、これまで促進してきたものが滞留してい ます

「メードイン自国」に取り組む国がますます増えています。

新型コロナウイルスの影響で、各国は内向きに目を向けるようになりました。このような世界情勢下で、いわゆる安価な輸入品と物流が災いを招くことを自覚することになりました。

現在ロジスティクスは OEM からの調達に対して意思決定戦略の中心になりつつあります。不確実性を持った法外に高額な物流と相まって、企業は原材料や完成品を国境内または近隣諸国から調達することを余儀なくされています。

距離は今や真実の距離になっています。

たとえば、米国の企業は米国または国境を接するメキシコから調達しています。西ヨーロッパの企業は、東ヨーロッパまたはトルコとのビジネスコラボレーションを好みます。

ダイキャスターにとって、それは何を意味するのでしょうか? それは簡単な事です。ダイキャスターにとって地理的にOEM提携していないところへ輸出することは、まさに困難であるということで す。

不確実な投入コスト

金属価格は不安定です。生産に関係する計算は大混乱となっています。原材料の生産はますます困難になっています。急激な価格の下落は、既存の棚卸帳簿から利益を消し去る可能性があります。

さらに、ロシアとウクライナの戦争による燃料とガスの価格の上昇は、アルミニウム生産者とダイキャスターを「レッドゾーン」に追い込んでいます。

最悪のことは何ですか?すべての事について誰の管理下にもないことです。マンパワーの新たなマインドシフト

Covidにより従業員の大部分が在宅勤務を余儀なくされましたが、それは突然好ましい働き方と言わ れるようになりました。

その結果、ダイカスト業界での熟練した経験豊富な人材を確保することは、かってないほどの課題となっています。

多くの業界が在宅勤務 (WFH)を提供しており、多くの有能な専門家はそのような業界に移動しています。WFHは、彼らの心理と働き方の選択に大きな影響を与えています。

アメリカとヨーロッパではそれらの移動が大規模な状況で起きており、人々は大挙して仕事を辞 めています。ダイカスト業界の多くの有能な人々は、例えばインドにおいてはそれらのギャップを埋めるために海外に移住し、より高い給与とより良いライフスタイルを求めて楽しむようになって います。

この本を書いている今も優秀な人材の確保は課題となっています。需要は供給を大幅に上回っています。

ダイカスト業界のトレーニングとスキルアップについてはどうですか? ダイカストのトレーニングやスキルを提供する専門学校やカレッジは存在しません。

トレーニングのほとんどは仕事上で行われ、同業者仲間に依存しています。多くのダイキャスターは必要なトレーニングと見習いを提供するスキルまたは基盤を持っていません。

トレーニングのための高額な予備のダイカストマシンは、きわめて高くつくものと言えるでしょ う。

あなたの会社はこれに共鳴しますか?

投資収益率 (ROI) の低下と競争の激化

資本集約型産業のダイカスト業。それはエネルギー集約型の製造業立上げであり、投入コストが 非常に高く、価格設定の重要な部分を占めます。ダイカスト部品の価格は、アルミニウムのコスト、在庫保持コスト、溶解コスト、不良品、およびその他の直接および間接コストの組み合わせです。

営業利益はかなり薄い業界と言えます。しかしながら、ダイカスト産業は急速に拡大しています。そしてまた地域内での激しい競争も引き起こしています。これらすべてに加えて、ダイキャスターにさらに価格を引き下げることを強いるOEM メーカーからの絶え間ない圧力もあります。

これらすべての状況は、既存のあるいはグリーンフィールド投資に対する ROI が魅力的でなくなっていることを示しています。

高い投資コスト

ダイカスト産業への投資コストは高いにもかかわらず、さらにロシアとウクライナの戦争が状況をさらに悪化させました。それはすべての経済に影響を与えましたが、特にダイカスト産業に大き な影響を与えました。ダイカスト産業は多くのエネルギーを消費する業界であり、燃料とガスのコストが上昇しているため、インフレはダイカスト産業に大きな打撃を与えているのです。

インフレを抑えるために政府は銀行を通じて貸出金利を引き上げました。このため、機器と基本設備への投資はよりコストがかかるようになりました。

日常業務に必要な運転資金のコストもまた高くなります。これによりボトムラインのコストが増加し、ダイカスターの収益性が圧迫されています。

通貨変動

昨年は、米ドルに対する通貨の価値が乱高下しました。通貨の変動により、ビジネスにおける金銭が増えるか減るかが決まります。これは輸入と輸出の両方に影響を与えます。

現地通貨での米ドルのコストが上昇すると、輸入コストが高くなることを意味します。輸出業者 にとって、それはより多くのお金を得ることを意味します。

通貨評価の変化の影響を理解するために、ダイカスト製品を生産および輸出しているいくつかの 主要国で昨年起こったことを調べてみましょう。

米ドルに対する通貨の変動
2021年10月より2022年9月

TURKISH LIRA	9 - 18	↓	100%	CHINESE YUAN	0.155 - 0.14	↑	10%
HUNGARIAN FORINT	300 - 400	↓	33%	RUSSIAN ROUBLE	73 - 61	↑	11%
JAPANESE YEN	110 - 140	↓	27%				
POLISH ZLOTY	4 - 4.8	↓	20%				
EURO	0.85 - 1.0	↓	17%				
INDIAN RUPEE	74 - 80	↓	8%				
MEXICO PESO	20-20	↓	0%				

上の表から明らかなように、輸出に関してはトルコのダイカストが最も優位に立っています。トルコは他の国と比べて激しい競争に対してより良い立ち位置にいます。

トルコに続いて、ハンガリー、日本、ポーランド、ヨーロッパ諸国、インド、最後にメキシコが 続きます。

一方で中国とロシアの通貨が上昇していることがわかります。この表から、10% から11% 競争力がなくなることがわかります。これは戦争でロシアとの貿易が禁止されたことが要因のため違う次元の話にはなりますが。

ダイキャスターにとっての密接な関りは?

インドとメキシコのダイキャスターは、ダイカスト製品の他の主要メーカーと比較して非常に競争力を問われることになります。

これは、非常に不安定な経済状況と不当な優位性を考慮しなければならない課題です。

第5章

ダイカスターが直面するポロシティーマネージメントの課題

ポロシティが多すぎるという理由で、製品が顧客から拒否されていませんか?

そしてそれはあなたのビジネスに影響を与えていますか?

そうであるなら読み進めてください….

北米ダイカスト協会 (NADCA) は、2010 年にダイカストエンジニアを対象に調査を実施しました。ダイカスト業界が直面する最大の問題を見出すことが目的でした。以下の図1は調査結果を示しています。

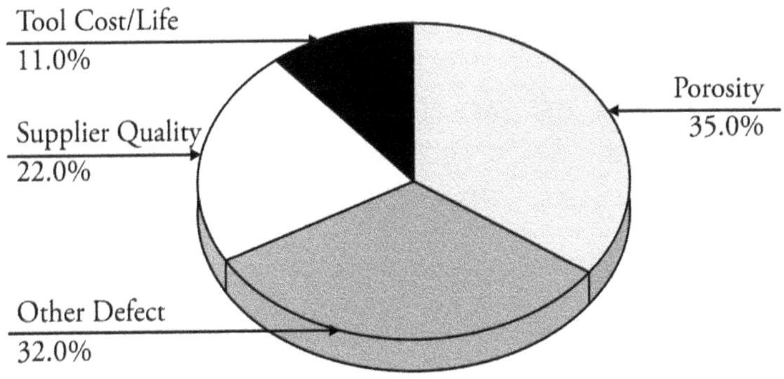

当然のことながら、回答者の 35% がポロシティを主な懸念事項として挙げています。32% が「 その他の欠陥」を主な懸念事項として挙げています。ダイカストにおいてはこれら他についても、そのほとんどはポロシティに関連していることがわかります。

したがって、調査対象回答者の 3 分の 2 がダイカストの主な問題として、ポロシティまたはポロシティに関連する欠陥を指摘しています。したがって、ポロシティの最小化は、次の理由により重要です

- ポロシティは収益に影響を与える
- 最終顧客は厳しい品質基準とポロシティに対する基準を望んでいる
- 軽量化には薄肉化と複雑な鋳物形状が必要
- 美しさは新しい機能要件

電気自動車の普及に伴い、ほとんどの自動車会社は構造部品フレーム、さらには完全なアンダーボディをアルミニウム鋳造から製造しています。

ポロシティは、自動車メーカーだけでなく、ダイキャスターにとって最大の懸念事項です。ポロシティの大小が部品の受入れ、もしくは拒否を決定付けることになります、すなわち利益と損失を決定することになります。

それが非常に重要であればそれは管理する必要があります。多くの場合、ポロシティの管理は少数の専門家とエンジニアによって取扱われています。

私はダイキャスターが既存の部品や新しい部品のポロシティに未だ苦しんでいるのを見てきました。

問題は本当にポロシティですか、それともその管理ですか?

厳格なポロシティ基準

OEM先は潜在的な不良に関心を示しており、ダイカストコンポーネントについても設計 FMEAを改善しています。そのためポロシティの基準が厳しくなっています。

プロセスに由来してテクノロジーは進化し生まれています。そしてプロセスには非常に多くの要因があるため、ポロシティがどのような影響を与えるかは確かではありません。したがって、設計者は安全を考慮して厳しいポロシティ基準を採用します。そのために彼らはポロシティが不良には 結びつかないと考えたいと思っています。

業界として、私たちは彼らを理解する必要があると思います。彼らが受けた圧力、競争、規制に 対応することはそう簡単ではありません。取り締まる側は、彼らの失敗とリコールを見ているのです。設計者は明らかにダイカスト製品だけでなく他の部品についても厳しく見ようとしているので す。

–ダイカスト会社CEO

ポロシティの基準はますます厳しくなっています。私は昨年世界中のダイカスターやOEMと交流してきました。彼らが言わなければならないことは何かというと:

このような製品を生涯にわたってお届けする必要があります。今日製品寿命は 15 年以上と見られているため耐久性は非常に重要です。そのため厳しいスペックが上がってきます。現況のポロシ ティだけでなく、漏れにつながる微細なポロシティも問題を引き起こします。したがって、この状況は標準状態であり、このことはますます厳しくなり続けます。

–Leading OEM CXO

OEM とのさまざまなやり取りを通じて得た見識から、ポロシティに対する仕様がOEM先 から より厳しくなっている主な理由を以下にリストします。

1. 潜在的な不良の回避と最小化
2. 不良モード影響分析 (FMEA) による設計の改善
3. 消費者の安全に対する関心の高まり
4. OEM に対する規制要件
5. ポロシティ問題による製品のリコールはOEM にとって非常に高くつく
6. 製品寿命の延長
7. 価値分析と価値工学 (VAVE) による設計変更
8. 品質に基づく競争からの圧力

すべての鋳造会社のオーナーと経営陣は2つの目標に取り組んでいます。

- 利益率の高い部品の製造
- 全体的な収益性の向上

そうなると、厳しい仕様の部品の製作に取り組まなければなりません。私は個人的にある事件を知っています。

アメリカの OEM が、アジアのダイキャスターが対応できないポロシティ基準を要求したため、ビジネスの大部分がトルコのダイキャスターに流れたのです。

ビジネスは無情な場合もありますが、この冷酷さが私たちの努力を後押しします。

ダイキャスターには選択の余地がありません。それは昨今の品質基準を満たすことができるのか、あるいはそのゲームから離脱するかです。

ダイカストはまたOEM からの厳しい仕様要求に 直面しています。*それらは関連しています。彼らはポロシティに着目する必要があります。そして最初からそれを抑える必要があるのです。*

–ダイカストコンサルタント

膨大な数の要因

ダイカストには、設計、プロセス、および環境全体で何百もの要因があります。これらの要因は、製造現場での品質と生産性を定義する上で重要な役割を果たしています。また、品質が低下するにつれて、生産性が大幅に低下します。

例: 約 700 度の溶融アルミニウムが処理され、給湯され、非常な高圧でキャビティに注湯されます。

そのため製品は高い温度および機械的応力に耐えられる環境で製造されます。

また、ダイカストマシン、金型、およびスプレーに関する要因の組合せにより、設計されたポロシティを含むダイカスト製品を製造するための望ましい溶湯の流れと凝固条件が決まることになります。

確かにこれは複雑です。

そしてほとんどのダイキャスターは、これらのパラメータのいずれかで問題を処理し、調整するのに毎日苦労しています。

些細な役割を果たしているものもあれば、ポロシティを制御する上で非常に重要な役割を果たしているものもあります。

挑戦はストレートです

それらのパラメータは個別に制御することができますか?

それらは科学的、体系的、そして持続的に処理できますか?

合金の選択から、ハンドリング、溶解、注湯、射出、鋳造、金型、ヒートバランスに至るまで、

鋳造時のすべてのアクションがポロシティに影響を与えるのは、どのような個別の内容によるものなのでしょうか?

鋳造においてはこれらの個々の内容がポロシティにどのように影響するかを正確に知っている熟練した人々が必要です。そのような熟練した人々に対しては高いレベルで依存しなくてはならず、彼らが去ると生産性に悪影響を及ぼすことになります。

熟練した従業員の退職に対して、これらのスキルをどのようにして学習可能、移転可能、持続可能にしていきますか? 出来ますか ?

はいできるのです。

長い学習曲線

上記で述べたように、ポロシティレベルに影響を与えるさまざまなパラメータと要因があります。したがって、ダイキャスターが高い利益率の重要な部品をハンドリングできる専門技術を習得する段階に到達するには長い学習曲線が必要です。

それまで、それは持続が必要な展開として継続されます。継続されない場合一部のビジネスが損失を被り閉鎖に直面した例もあります

激しい競争。急速に変化するダイナミクス。

最大の課題: ボトムラインの処理

多くのダイキャスターは、急速に変化する仕様と技術に追いつくのに苦労しています。

顧客の期待はかつてないほど高まっています。

それは時間との戦いです。レースはリスクとハードルに満ちています。問題は、この学習曲線を短縮できるかどうかです。

この学習をモジュール化して登り詰めることはできますか?

先に進む前にいくつかの神話を調べてみましょう。

第6章

ポロシティマネージメントに関する最大の神話

神話#1: ポロシティは経験豊富な専門家のみが対処できる問題

ポロシティはこの本に記載されている手順に従うことで大幅にコントロールできます。これらの 手順は溶融金属を処理しダイカストを管理するチームにより簡単に実行することができます。

神話#2: 試作段階でポロシティがなければ実際の生産においてもポロシティは発生しない

これは必ずしも真実ではありません。時々ですが試作段階では実際の鋳造条件とは異なるため、ポロシティが発生しない場合があります。試作段階では最小限のポロシティであっても、実際の製造においては、複数の要因により重大なポロシティが発生する可能性があります。

例えば、プランジャーの潤滑は、ガスポロシティの主要な原因となり得ます。潤滑は必要不可欠ですが、多くのダイキャスターはその影響を正確にコントロールできていません。潤滑剤はチップ の摺動問題を解決するためにプランジャーに有効的に適用されますが、同時にこれは鋳物の中にポ ロシティを発生させる原因ともなります。

神話#3: 主要な処置のみがポロシティをコントロールできる

それは真実ではありません。上記のように、複数の要因があります。大きくても小さくても、ポロシティを引き起こす可能性があります。これはまた、小さなステップでもポロシティの割合を大幅に減らすことができることを意味します。

小さな例: 機械を操作するとき、現場のスタッフが炭化水素系潤滑剤で汚れた手袋を使用したとすると、これは多くの場合鋳造不良やポロシティの増加につながります。

簡単な解決策: きれいな手袋の使用

神話#4: 溶湯温度、射出システム、金型メンテナンス、スプレーなどの要因は、ポロシティにほとんど影響しない

逆にこれらすべてはより大きなポロシティへの要因となる可能性があります。たとえば、溶湯の温度が非常に低い場合、流速に関係したポロシティが発生します。

溶融金属を射出する際、充填中にショットスリーブ内に空気が閉じ込められるとポロシティが発生します。同様にリークや冷却ラインは金型表面に水分を生成し、これがガスポロシティにつながる可能性もあります。

神話#5: 通常3つのレベルの人だけがポロシティを制御できる

次の3つの役割を果たしている人々のみがポロシティの責任元であると誤解して考えられること がよくあります。

- 金型を設計しシミュレーション解析を行う人

- エラーをレポートしてフィードバック行い品質を維持管理する人
- 根本的な原因を分析する責任者 これらの責任を負っている人々は、ポロシティの発生を抑える重要な役割を担っていますが、経営陣からダイカスト作業者、溶湯を流し込む担当者まで、指揮系統の下流にいる全員がポロシティを最小限に抑える責任があります。

神話#6: ポロシティのコントロールは主観的な問題であり部品によって異なる

これはいくつかの例に当てはまるかもしれませんが、ほとんどの場合ポロシティの原因は共通の 要因にまでさかのぼってトレースすることができます。これらの要因をすべて排除することができ れば、あらゆる種類製品のポロシティをコントロールするための便利なテンプレートを作成するこ とができます。

神話#7: ポロシティをコントロールするための構造化された標準化されたアプローチは存在しない

神話 6 で述べたように、フレームワークを作成するか、理想的な作業環境を実現してポロシティをほぼゼロにすることができます。ポロシティを自動的に最小化するエコシステムを維持することができます。あなたがたのチームメンバーはライン上でメンテナンスできるチェックリストを考案することができます。

神話#8: ポロシティ病に対処するためには「ポロシティドクター」が必要

ポロシティをコントロールするためにスペシャリストや専門家は必要ありません。あなたのチー ムが特定の手順を実行できるようにするためのシステムを進化させ維持する必要があるだけです。これらの明確な手順に従えば、ポロシティのレベルを抑えるための医者は必要ありません。

神話#9: 金型/機械の寿命と使用されている機器の一般的な状態はポロシティに影響を与えない

そりは誤りです。これらの要因はポロシティの割合に直接影響を与える可能性があります。前述のように、ポロシティは複数の要因の合算である可能性があります。古いダイカストマシンは画面に表示される圧力よりも少ない油圧しか発生していない可能性があります。これが原因により気泡が発生しポロシティにつながることになります。

先端が尖ったような機械部品は、溶湯の特定部分が他の部品と比較して速くまたは遅く凝固する可能性があり、ストレッチマークを作成しポロシティにつながります。

第7章

ギガプレス上のメガキャスティングに対するポロシティ課題

テスラは、自動車のリア、フロント、およびミドルアンダーボディ部門の製造に革命をもたらし ました。

一般的なテスラ車のリアアンダーボディは、70の部品で構成されていました。

そこで製造プロセスを簡素化し、今後の自動車の組み立てに必要な部品の数を減らすために、テスラはイタリアの会社のギガプレスを使用してメガキャスティングを行いました。リア足回りは全てダイキャストで一体成型しました。これにより全体の製造サイクル概念が従来と比べて崩壊してしまったと言っても過言ではありません。

これにより自動車の生産がより効率的になりました、製造コストが下がりました。製造工程が簡素化されました。

他の自動車メーカーも追随するしかないでしょう。そして実際に、非常に大型のダイカストマシンを使用してメガキャスティングを実験し採用し始めています。

このような巨大なマシンでは、ポロシティの問題もまた非常に大きくなります。

設計および最適化の段階でポロシティの問題が処理されない場合、多くのスクラップが発生する ことは容易に想像できます。

故障や鋳造不良は高くつきます。たとえば、鋳造条件が自動車メーカーの要求する基準に従っていない場合、一体成型アンダーボディ全体を変更する必要が出てくる場合もあります。

衝突試験にも対応し耐えるには妥協のないポロシティ基準が必要です。自動車の製造において、安全への配慮は最も重要です。

Idra、Buhler、LK、Frech、Yizumiなどの企業が、これらのギガプレスマシン（6000 ～ 12000 トン）を製造しています。これらのマシンは約2 ～ 3 年前から稼働していますが、問題発生とそのフィ ードバックにより、マシン設計に多くの最適化が行われています。

ギガプレスのダイカストプロジェクトには、巨大な金型が必要です。SAP、Vetimec、Schaefferなどの企業が、ギガプレス用の巨大な金型を製作しています。私はこれらの企業が持っている経験と専門知識、得られたデータのフィードバックにより、ギカプレス用金型設計を最適化する技術発展を確信しています。

- 厚さに対して表面積の比率が大きいと凝固スピードが速い -- 高度に最適化された指向性凝固が必要
- 大きな表面積は高度に最適化されたゲート設計が必要なことを意味する
- 常に反り変形の可能性が高い

さて、現在これらのギガプレスやメガキャスティングのダイカスト環境は、新しくパワフルな領域 となっています。

これらのことは重要な問題を示唆しています。

老朽化した環境で鋳造品質に一貫性を持たせるにはどうすればよいでしょうか?

巨額の資本投資において、持続可能性が計画および構築されていないような場合、企業をREDに移行させる可能性があります。

メガキャスティングのポロシティの課題については、より多くの議論、分析、ブレインストーミング、および製造現場からの多くのフィードバックが必要です。

この本を読みとくに当たり、すべての問題には持続可能性とその最適化が伴うことに注意することが重要です。 あなたは今、いくつかの見識を持っているはずです。

この本の次の章が今後どこに向かうのかを考えていただければ幸いです。

ここから先、この本はより熱狂的となりさらに興味深いものになることを約束いたします。あなたは私の言葉を体得することができるはずです...

第8章

防ぐことができる百万ドルの損失

前の章で、私はすべてのダイキャスターが経験する課題について話しました。それは、ポロシティであろうと、一般的な世界の出来事に対する生き残りの事であろうとも、これらの課題の規模は時期によって異なります。

これらのトピックをさらに掘り下げて、これらの未解決の課題がダイカストビジネスにどのよう に影響するかを見てみましょう。

今日の行動または怠惰は将来のコスト。

世界中の多数のダイキャスターとのやり取りの中で、非常に興味深い観察に出くわしました。

ほとんどの人は、何が機能し何が機能しないかについて、決まった信念体系を持っています。この信念体系は、私が「限られた角度のレンズ」と呼びたい過去の経験から見ることができます。私はそれを下図に示す「限られた視点」と呼んでいます。

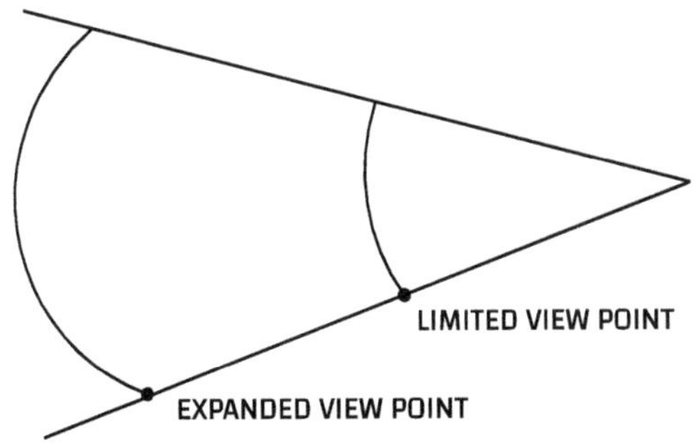

たとえば、ダイカスト会社の Web サイトを考えてみましょう。いくつかの重要なポイントをリ ストアップした簡単なテンプレート付きのWeb サイトが最初にあるとします、そしてそれはその 後何年も放置されているとします。このようなWebサイトの運営は、すべての生みだされるビジネ スはWebサイトからではなく、直接販売の結果からもたらされるという信念から来ています。

それを限定的な視点と呼びましょう。

例えばある会社が輸出をターゲットにしているとすると、より広い視野で自社のWebサイトを見 る必要があります。

海外のお客様はまずWebサイトをチェックします。彼らは、Webウェブサイトを見ることで、その会社の感想や第一印象を見出すことになります。彼らはWebサイトを見てあなたの会社とビジネスをしたいかどうかを決めることさえあります。

したがって、Webサイトが現在どのように見られているのか注意を払わないと、将来会社はブラ ンドイメージと評判の低下という代償を払わなければならなくなります。

この会社が輸出の機会を探していなければ、今までの視点がうまく機能していたのですが。

知らないうちに何も変わっていないのです。将来、この何も変えないという行動は会社に多大な損失をもたらすでしょう。

より関連性の高い別の例を見てみましょう。誰もが自分の体が将来支払うべきコストがわかっているにもかかわらず、今日過剰なアルコールや不健康な食べ物を摂取したりします。それはあなたのビジネスも同じです。

持続可能で長続きすることを目指すダイカスト事業として、何もしない活動が将来に及ぼすすべ てのコストを考慮する必要があります。

また避けなければならないすべてのアクションを考慮する必要があります。

ある程度一般的な無活動は理解できます。ほとんどのダイキャスターは、日々の業務に忙殺されています。継続中の課題を維持することは、長期的な戦略を変更することよりも優先されるためです。会社の時間と投資の大部分は、ビジネスの運用を維持するために費やされています。時には、「日常」と「未来」の間で、耐えがたい戦いになることもあります。

リーダーや意思決定者の行動が、問題の根本原因を見つけそれを完全に根絶することよりも、現状の火消しのみに向けられている場合、それは大きな懸念事項です。

マンパワー、プロセス、および設計に関するトラブルと不確実性は、私のほとんどの時間を無駄 にしているのです。

– ダイカスト会社副社長

組織の長としてあなたの主要な議題は何ですか？ より多くの顧客を獲得し、ビジネスを拡大する ための戦略を策定することではないでしょうか。

これらのアクションが今実行されない場合、顧客はあなたのビジネス拡大を支援してくれません。

なぜならば新規顧客は自社の事業拡大に忙しいため、積極的に関与してくれるダイキャスターとの提携を望むからです。どのビジネスでもそうであるように、成長して生き残るか、成長せずに停滞するかのどちらかです。 つまり、まずはやるべきことをやらないコストを試算してみることです。それは全く遊う視点を示唆してくれます。

顧客再獲得のコスト

あなたのビジネスが支払わなければならない最大のコストがいくらになるか知っていますか？ 現在のビジネスを失い再び買収しなければならない場合です。これは無限ループになる可能性があります。

品質を維持できない？回避可能な生産コストを抑えることができない？ これらは質の高い顧客 を失う足がかりとなります。

先に書いたように、ポロシティを管理できなかったダイキャスターは、他の国の競合他社からビジネスシェアを失いました。なぜそれが起こったのか？

競合他社は、ポロシティを減らし顧客が要求する品質を提供するためのノウハウを取得するのに十分賢かったということです。

あなたは、最先端のテクノロジー、自動化、および周辺機器を取得するために多額の費用を費やしているかもしれません。またあなたは最高の人材を雇っているのかもしれません。あなたは、あなたの基本的設備とチームに基づき顧客により承認されるのです。

製品が製造現場を流れる時に不良や顧客からの苦情が殺到する事がありますが、それは故障やラインストップが頻繁にあることを意味しています。何が起きているのか？

競合他社がすべてをうまく管理できている理由と、あなたができない理由を考えたことはありますか？

私が知っている別のダイキャスターは、マーケットで最高の大型のダイカストマシンを手に入れる ために莫大な金額を投資しました。しかしながら未だ受注活動に苦戦しています。損益分岐点にも 到達しません。

このことはみんな知っています！！顧客にはこれまで以上に多くのオプションと選択肢があるのです。以前よりもよく言われることです。

収益性の高いビジネスが失われると、運用されていない資本、テスト、機械、および基本的設備のコストが膨大になります。

ビジネスが失われると、ダイキャスターが同じビジネスを低価格で競争力のある価格で取り戻すのを見てきました.

しかしながら、解決策のヒントとして無機質的に成長してきたダイカスト企業を数多く見てきました。彼らは、何年も前に始めた収益性の高いビジネスを続けることができている人たちです。

成長中のダイキャスターのひとつに、次のことに熱心に取り組んでいるチームがあります。

- 失われた顧客の維持
- 既存顧客の維持

彼らの戦略は非常に明確で、古い顧客や既存の顧客を犠牲にして新規顧客を拡大することはあり ません。

あなたの場合どうですか?

不十分なブランドイメージの代償

私がOEM先との会議に参加していた時のことです。彼は推奨のダイキャスターを教えてくださいと尋ねてきました。私が名前を提案したとき、OEM先は素っ気なく答えました。「この会社は　まさにNOです。品質、納期、説明責任に関して長年の問題を抱えています。」

結局このダイキャスターには RFQすら提示されませんでした。私は個人的にこのダイキャスターをよく知っています。彼らは問題を解決するために懸命に取り組んできていましたが、一旦ブランドが信頼を無くしてしまうと、それを再構築するには何年もかかることを示唆しています。

ブランドイメージの損失は経済的損失よりも大きいとよく言われます。構築するのに何年もかかり、いくつかの事業が壊れてしまいます。

顧客は優れたブランドをいかに定義するのか？約束を守るダイキャスター、約束されたタイムライン内で製品を提供したり、サービスを実行したりするダイキャスター。

利益を上げて、ポジティブなブランドイメージを構築したいですか ？ ダイカスト会社がエコシステムを構築するのが早ければ早いほど、顧客に約束通りの製品を最終的に提供できます。

ブランドイメージが良ければ、新しいビジネスを獲得するためのコストが大幅に下がります。

第9章

代表的なソリューション伴う問題

狂気とは、同じことを何度も繰り返し、異なる結果を期待すること

~ アルバートアインシュタイン

すべてが時間の経過とともに変化します。お客様が求めるものも変わります。ダイカストにおける入力条件も変わります。典型的なビジネスが直面する問題の種類も変化しています。これらの問 題の規模と構成さえも変化しています。

過去に機能したソリューションは、機能する場合と機能しない場合があるかもしれません。あったとしてもその有効性と関連性は疑わしいかもしれません。

ダイキャスターが問題を解決するために頼ることができるいくつかの典型的な解決策を見てみま しょう。

コンサルタントの雇用

コンサルタントは新鮮な考え方とブレークスルーをもたらします。彼らには長年の経験、専門知識、ノウハウがあります。彼らは知識の貯蔵庫なのです。

コンサルタントはさまざまな条件の下で働いてきていますので、ダイキャスターが問題を解決したい場合やビジネスを次のレベルに引き上げたい場合、彼らの存在は最初の選択肢となります。

コンサルタントと協力することに何の問題もありません。ほとんどのコンサルタントは素晴らし い仕事をします。

コンサルタントを雇うことは、垂直的な専門知識を利用するための最速の方法です。コンサルタントを"期間"で雇うことを強くお勧めします。

では、なぜほとんどのダイキャスターは未だに苦労しているのか?コンサルタントを雇った後に、結果に満足していない多くのダイキャスターとやり取りしてきました。それはすべて文脈上のものなのです。

コンサルタントを雇っても役に立たないことがある理由を理解しましょう。

なぜダイキャスターはコンサルタントを雇うのですか?主に次の2つの理由からです。

1. 重要部品の開発
2. 既存部品の問題を解決するため

ほとんどのコンサルタントは、特定の問題、主に技術的な問題を解決する能力を求めて採用されます。彼らは来て、彼らは伝え、

彼らは結果を生み出し、それはハッピーな状況です。しかし彼らは時間契約のためそのうち来なくなります。

彼らはこれらの特定の問題を解決してから去ります。そこからが本当の問題の始まりです。

これらの問題の根本原因はどうなりますか？ それらの原因はまだそこに存在しているのです。

確かに、コンサルタントは去る前にノウハウや知識をいくらか伝えますが、一旦去ってしまうとまた古い問題が再び表面化するのです。

コンサルタントが去ると、問題解決の管理能力や新しい製品開発力が低下します。

そのために問題解決と開発のスキルに関して持続可能性がほとんどないことがよく見られます。言うまでもなく、カルチャー変化や考え方アプローチへの変化をもたらすことは、ほとんど、あるいはまったくと言っていいほど影響がないのです。

事後対応かつ対症療法的なアプローチ

前の章の1つで、貴社がダイカスト製品を製造する際にさまざまな要因がどのように影響するかを説明しました。これらの変数を処理するためには、特にカスタマイズが必要な場合、スキルと戦略的アプローチの両方が必要です。

要因が多ければ多いほど、問題や失敗が存在する可能性が高くなります。従業員は高品質の部品を提供しなければならないという厳しいプレッシャーにもさらされます。さらに、不確実な環境が加わると、従業員の窮状は容易に想像できます。

あなたのアプローチは何ですか？反応は？

事後対応型のアプローチでは、根本原因を突き止めることなく症状のみを特定して解決します。一方、前向きなアプローチでは根本原因に取り組み永遠に問題を解決します。

患者の体に感染症がある場合それが原因で熱が出ます。パラセタモールを与えて熱を下げることはできますが感染はまだ残っているのです。発熱は単なる症状であり感染症が根本的な原因なので す。

常に次の質問を投げかけてください。自分達の組織はどのようなアプローチを採用しているのか? 反応 + 兆候、または積極的+ 症状 ?

わからない?これは良い回答ではありませんが、この本を読めば非常に役立つ回答を得ることになるでしょう。

ソフトウェアを応急処置メカニズムとして考えると

ダイカスト会社の経営は他の製造業の経営と同じです。主要な管理機能は、運用、販売、マーケティング、イノベーション、人事などが含まれます。

他の製造業と同じく、ダイカスト工場にも同様のソフトウェアの使用をお勧めします。それにつ いて疑いはありません。

高価なソフトウェアが目的に応じてインストールされますが、ではなぜまだ会社が同じ一連の課題を抱えているのでしょうか?

ソフトウェアが解決方法だったとして、何がうまくいかなかったのか ソフトウェア アプリケーションは、迅速な修正メカニズムと見なされます。

手作業による介入、重複、およびスキルへの依存を排除します。

これを深く掘り下げて、状況について別の見方ができるかどうか見てみましょう。

ダイカスト会社の場合、使用されるさまざまなレベルのソフトウェアソリューションを下の図 に示します。

4 INDUSTRY 4.0 & AI BASED SOFTWARE

3 SIMULATION SOFTWARE

2 ERP SOFTWARE LIKE SAP

1 DESIGN SOFTWARE

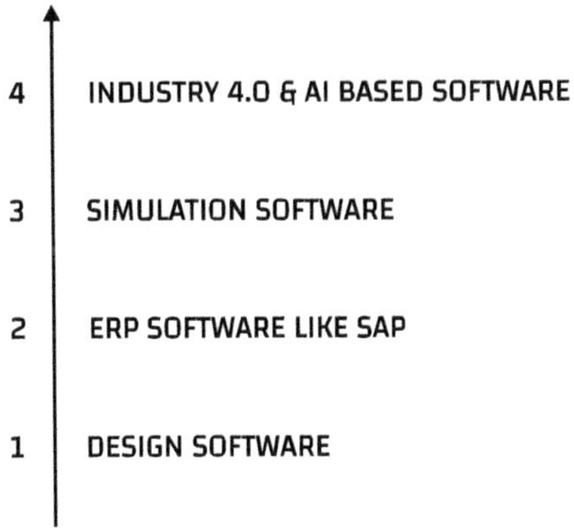

もし見逃したものがある場合はお知らせください。私は次の本のバージョンにそれら を追加することになるでしょう。

ほとんどのダイカスト会社では、ソフトウェア導入までにいくつかの方法があります。会社がすでに取り組んでいるシステムがある場合、人々はそのやり方やシステムに慣れておりそれに適応しています。

ERP システム、3D 設計ソフトウェア、シミュレーション、または高度なインダストリー 4.0、いずれを導入するにしても、あなたのチームはすでに物事を進める方法を持っています。

新しいソフトウェアを導入するのは、主に効率を高め、重複を取り除き、人為的エラーを回避する ためのものです。

これらはすべて、時間とコストの節約につながる、もしくはつながるはずです。

ソフトウェアは、既存のシステム、または従業員が現在使用している他のデジタルシステムと統合する必要があります。統合が行われないと、重複、混乱、およびエラーが発生する可能性があります。

すべてのダイカスト企業は、ソフトウェアを受け入れ、採用し、統合し、最終的にソフトウェア をエコシステムの不可欠な部分にするという旅をすることになるのです。

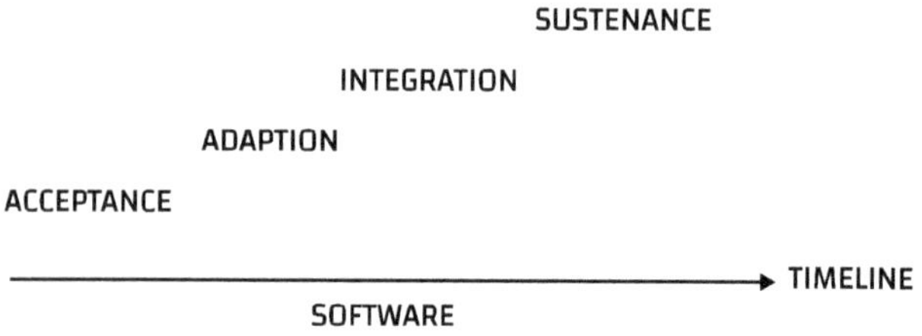

SUSTENANCE

INTEGRATION

ADAPTION

ACCEPTANCE

→ TIMELINE

SOFTWARE

ソフトウェアは、秩序と維持をもたらすことが期待されています。そのために、ダイカスト会社は、ソフトウェアを受け入れ、適応させ、統合し、そして最も重要なこととして、使用を維持し、ソフトウェアのメリットを享受できるチームを持つ必要があります。

ソフトウェア アプリケーションは、初日から運用を開始するわけではありません。

受入れは態勢の課題ですが、一方適応と統合はスキルに依存します。計画と持続可能性は主に社内文化的な課題です。

OUTPUT ∝ INPUT

SOFTWARE

上の図から明らかなように、ソフトウェアからの出力は、純粋にインプットの質に依存します。

インプットの質は、正確な関連情報入手の可能性、スキルレベル、およびチームのノウハウの程度に依存します。

上記の正確な入力がなければ、ソフトウェアが実行されて意思決定に必要な出力が得られるこ とは期待できません。

ソフトウェアだけでは奇跡を起こすことはできません。

そのために、ソフトウェアを切り替える前に、次の質問を自問してください。

- あなたのチームは、適応して採用する準備ができていますか?
- ソフトウェアに入力できる情報の質は?
- あなたの会社はソフトウェア導入の準備が整っていますか?
- 他のダイキャスターが実行して、それがうまくいったと考えているという理由だけで、ソフトウェアを展開していませんか?

このセクションを要約すると...

ダイカスト会社のリーダーとして、あなたは常に解決策を探しているはずです。問題を根本から 解決でき、すぐに使えるソリューションが必要なのです。

フレームワークを作成することはできますが、「カット アンド ペースト」および「テンプレー ト」ソリューションはほとんど機能しません。

革新的なソリューションを機能させるには、組織内にエコシステムを構築する必要があります。 これは、あらゆる問題を解決するための基本です。

この本は、構造、フレームワークを構築するのに役立ちます。これにより、ダイカスト会社は、潜在的な問題をすべて把握し、芽を摘み取り、永続的な成長のための強固な基盤を構築するエコシステムを構築することができます。

第10章

ゼロポロシティ管理 (ZPM) – ダイカストビジネスを変革するツール

目標としてのポロシティゼロ

ポロシティゼロを現実的に達成できますか?

答えは明確にNOです。

ポロシティゼロは神話です。

はい、そうです。

ポロシティをゼロにすることは物理的に不可能です。

ポロシティゼロは、無限、光速、ゼロ真空のように、実質的に達成不可能です。

すべてのダイカストでは、鋳造品としてのポロシティを避けたいと考えています。現在の技術オプショではそれはできません。

しかし、可能な限りそれを最小限に抑えるための対策を講じることは確かにできるのです。

したがって、この本の文脈では、ポロシティゼロについて話すときは、ポロシティゼロに向かうことを意味しますが、実際にはゼロにはなりません。

それではどうやってそれをやるのでしょうか？

ポロシティをゼロに近づけるにはどうすればよいでしょうか。これはまさに私たちがこの本の中で発見することになるのです。

私はダイカスト業界に入る前は機械加工・組立業界にいました。その業界の不良率はPPM (100 万分の 1) です。私がこのビジネス業界に入ったとき、その人々は不良率についてはこのレベルでのパーセンテージで話しをしていました。私が他のビジネス責任者にプレゼンテーションを行 い、ダイカスト業界にとってはすばらしい数字である6～7% の不良率を示しても、彼らは理解す ることができませんでした。ですから、この考え方を変える必要があります。ゼロポロシティの概 念は一種のターニングポイントなのです。

– D Sundar,

Rane (Madras) Ltd. インド軽金属キャスティング社長

ゼロポロシティはアプローチです。これは、ダイカストビジネスを管理する方法です。それは哲学です。それは経営理念です。

それはほぼ完璧なダイカスト製品を製造するための心構えなのです。

この本のコンテキストでのポロシティゼロは、繰り返しますが、私たちが持っている現在の技術を考えることはすべてポロシティを管理することにつながるのです。

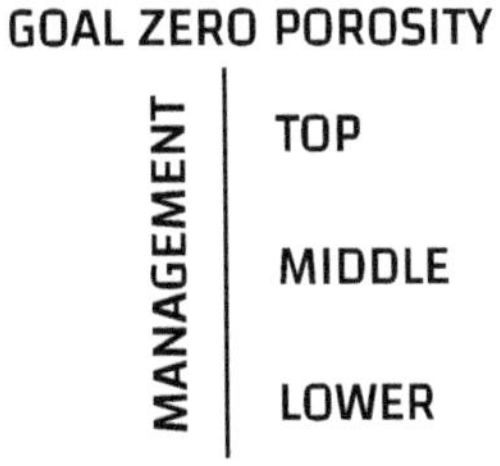

GOAL ZERO POROSITY

MANAGEMENT
- TOP
- MIDDLE
- LOWER

ポロシティゼロは、組織の目標でなければなりません。トップ、ミドル、ワーカーレベルを含む指揮系統管理全体に浸透する必要があります。組織全体の調整が重要です。

過去 10 年間、私は業界がポロシティを最小限に抑えるための一種の考え方に基づき何らかの形で動いてきたのを見てきました。ゼロポロシティは顧客の希望なのです。この種の考え方は今後15 年以内に業界の要件に対応するための主流となるでしょう。

― 大手ダイカスター

ZPMとは何か

ZPM は、この本で新たに定義された概念として初めて紹介されました、これまではダイカスト会 社に展開されたことはありませんでした。

これはダイカスト環境において、ほぼポロシティゼロを達成するための入力パラメータを定義およ び維持するための管理プログラムなのです。

これは、最終的に最小のポロシティにつながるフレームワーク、構造、および文化を育む機敏なエ コシステムを構築できるようにする総合的なアプローチです。

ダイカストのあらゆる側面が、体系的かつ方法論的なアプローチを通じて単一の目標で調査、制御、監視されています。そして、そこはチームが継続的にトレーニングされている場所なのです。

なぜZPMなのか?

前述のように、ダイカストの長年の課題を解決するためのツールとして機能する管理ソリューションが強く求められています。

したがって、ポロシティをゼロに近づけるための管理は、ダイカスト会社をあらゆる面でより多くのことをまたより良いものを目指すことになるのです。

矢で標的を狙うようなものです。中心を狙うことで中心近くまで届く可能性が高くなります。

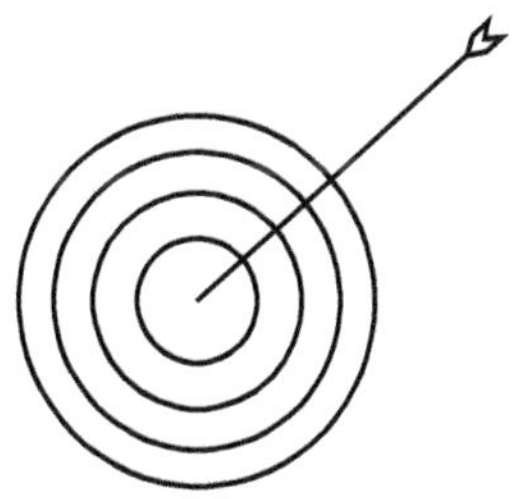

ZPMは、次の重要な目的を達成するために概念化されています。

- 無駄を避ける
- 高品質の製品生産
- 高利益率の重要な製品を生産する能力の開発

ダイカスト事業でZPMが実現できることは何ですか?

ZPM プログラムの目標は、生産性を大幅に増やすことです。同時に、従業員の士気、エンゲージメント、チームワーク、仕事の満足度を高め、目的意識を生み出します。

それは、理解しやすく実行しやすい科学的アプローチを結び付けるものです。ダイカストプロセスの基本を理解し、修正し、確実にすることに取り組みます。

ZPMはツールとして

- ダイカストビジネスの必要かつ非常に重要な部分として、ポロシティ管理に焦点を当てます
- 不良率の信念と考え方をパーセンテージレベルからPPMレベルに形成し変換します
- イノベーションとアイデアの文化を広めます

- ダイカストのプロセス網全体に最適化を実現します
- 顧客の苦情や不良に対するマンネリ化した対応を、構造化された分析とアプローチに置換えます
- 変革につながる一貫性を教え込みます
- ビジネスと環境に対する持続可能性

ZPMは最終的に中心的なテーマ、目標、ビジョン、となります。そしてあなたのダイカスト会社の原動力となるのです。

ZPM は、次の目的で使用することができます。

- 損失の最小化と利益の向上
- スキルへの依存を最小限化
- 工場内での監視、制御、および予測
- マシン故障の減少
- 金型寿命の延長
- 不良率と再製作の減少
- 生産性の向上

ZPMはどこで使えるか?

中小を問わず大規模なダイカスト会社でも使用できます。HPDC、LPDC、GDC などいずれのプ ロセスにおいても使うことができます。

ZPM は現在の管理手法と統合できるか?

製造会社は、生産を最適化するために、Total Preventive Maintenance (TPM)、Total Quality Management (TQM)、Theory of Constraints (TOC)、Lean などの概念を何十年にもわたって広く使用しています。たとえば、TQMは、熾烈な競争で組織が生き残るための実証済みのアプローチです。

PM は TQM のサブセットです。同様に、ZPM も TQM のサブセットですが、特にダイカスト業界を対象としています。実行が始まれば、ZPMは、特にダイカスト業界では、TQMを実践するための踏み台の石になります。さまざまな管理方法の比較については、以下の表を参照してください。

項目	TQM	TPM	ZPM
コンセプト	TQM　は、会社運営のあらゆる面で高い水準を維持するために全従業員が心を込めて取り組むという原則に基づいた管理システム	TPM は、生産レベルを大幅に向上させ、同時に従業員の士気と仕事の満足度を高めるために、プラントや設備を保守するための新しいアイデアを含む保守イニシアチブ	ZPM　は、ダイカスト事業をポロシティ削減という共通の目標に結びつけ、複雑で困難で変動性の高いダイカスト環境において高い鋳造品質基準を大幅に獲得および維持することを目指すポロシティ管理コンセプト
焦点	品質 (出力)	設備(入力と原因)	ポロシティ出力と原因
参画	任意であり、管理者の裁量による	すべての従業員の効果的な参加が求められる	経営陣の積極的な関与と全員の効果的な参画が求められる
トレーニング	座学指向	現場志向	座学と現場指向
強調	顧客満足度、従業員の関与、継続的な改善	機械や装置のダウンタイムとその効率	キャスティング品質、チームアプローチ、継続的なフィードバックアプローチ
強調	顧客満足度、従業員の関与、継続的な改善	機械や装置のダウンタイムとその効率	キャスティング品質、チームアプローチ、継続的なフィードバックアプローチ
目標を達成するための方法	管理のシステム化	従業員の参画	スキル、ノウハウ、従業員の参加を体系化
オリエンテーション	ソフトウェア指向	ハードウェア指向	ソフトウェア・ハードウェア指向

ZPMエコシステムとは何ですか?

下の図で説明されているように、基本的には次の要素で構成されています。

- 修正機能を備えた設計と最適化のフレームワーク＆予防フィードバックメカニズム。
- 360 度のアプローチ。
- 文化憲章

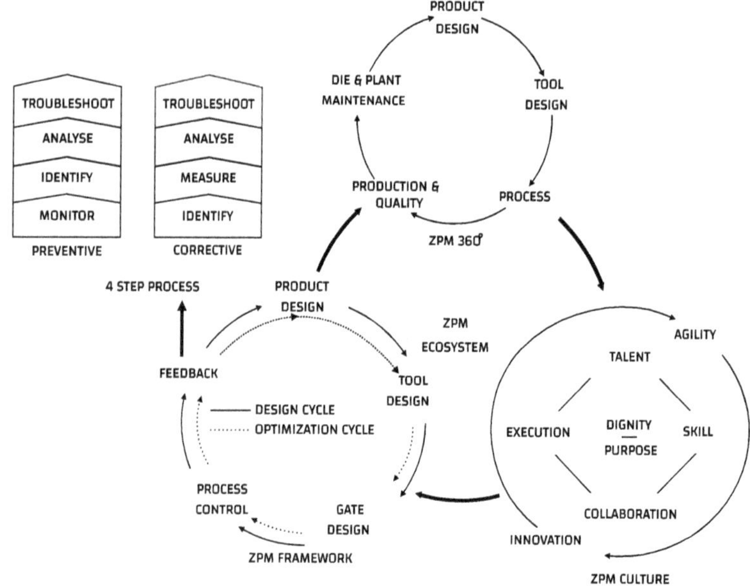

この本では、すべてのコンポーネントがどのように機能し、すべてがどのように結合するかにつ いてさらに詳しく説明します。

さらに本書では、個々のコンポーネントがどのように機能するのか、またすべてがどのように結 合するのかを探っていきます。

ZPM については多くのことが述べられています。それではどうやって前に進めればいいのか?

ZPM に関して次の 3つの質問があるものと思います。

1. なぜ ZPM は、あなたの会社にとって 1つのツール、1つの目標、1つの目的となるのか? – これについては、前のページですでに詳しく説明しました。
2. ZPM をどのように実行するのか?
3. ZPM を実行するために何をする必要があるのか?

次のページでは、主に最後の 2つの質問について説明します。

私はあなたが好奇心旺盛で、おそらく興奮していることを知っています...

先に進む前に、ポロシティの原因とさまざまな種類のポロシティについて簡単に理解することが 非常に重要です。

繰り返しますが、この本は技術ジャーナルではありません。トップマネジメントとして、この経営理念のニアンスを探る前に、基本を理解することが重要です。

ハイプレッシャーダイカスト(HPDC)におけるポロシティの原因

ハイプレッシャーダイカストでは、溶融金属が高圧下で金型キャビティに押し込まれます。

また、ハイプレッシャーダイカストは、短いサイクル時間と高品質の表面仕上げを備えた製品に対応し薄肉での鋳造が可能です。このプロセスは繰り返し作業が可能で、一貫した寸法を実現することが できます。

これにより、二次加工をほとんどまたはまったく必要としないニアネットシェイプの鋳物品が生産されます。

このダイカストプロセスの高速化との組合せにより、ポロシティ欠陥が発生する要因になりますが、その対策に対応できない場合は大量のスクラップや再キャスティングが行われる可能性があります。

鋳造スクラップは、相当のエネルギーコストでリサイクルすることになるため、追加のコストが かかることになります。

したがって、ダイカスト鋳造の目標の1つは、ポロシティを許容レベル以下に抑えるかまたは維持することです。

ポロシティ不良率は数学的にどのように定義されるのか （「鋳造邪品のポロシティ不良率」と も呼ばれます）以下に式を示します。

$$\text{Porosity (Pt)} = \frac{\text{Volumes of pores (Vp)}}{\text{Total volume of the casted component (Vt)}} \times 100$$

神話と現実

多くの場合、ポロシティは欠陥と呼ばれます。これは、多孔性を含むすべての鋳物に欠陥があることを意味するため正確な用語ではありません。これが本当なら、すべての金属鋳物は欠陥品とみなされます。ポロシティはすべての金属鋳造で発生する特徴です。ポロシティの量とそのサイズが基準に対して十分に対応できていない場合、鋳造が意図したとおりに機能していない場合にのみ欠陥と見なす必要があります。

ポロシティを制御するには、何が原因でポロシティが発生するのかを理解する必要があります。

HPDC の場合、ポロシティのほとんどは

1. ひけ巣

2. 閉じ込められたガス

ポロシティの原因はひけ巣

溶けた金属は冷えると収縮し固まり始めます。

収縮に関連するポロシティには、次の 3つのタイプがあります。

1. **液体収縮:** 溶融材料が液体の場合でも発生します。温度変化による収縮は無視できますが、ポロ シティを引き起こすには十分です。
2. **凝固収縮:** これは、溶融金属が凝固し始めるときに起こります。温度が下がり金属が収縮し始めます。これはポロシティにつながります。
3. **型発生収縮:**金属が凝固し鋳型から取り出した後に鋳物を室温まで冷却します。この時にさらなる収縮が発生します。

覚えておくべき2つのことは:

1. 収縮の程度は合金ごとに異なる
2. 合金の凝固範囲は、ポロシティの量、位置、サイズに影響する

ポロシティの原因はガス

溶融金属にはコアガスがあります。ダイカストの空洞にも空気が存在し、金属に簡単に閉じ込められ ます。

ガスポロシティの主な原因は 4つあります。

1. **閉じ込められた空気:** これは、ガスポロシティの最大の原因となる可能性があります。キャビティ とショットスリーブの両方から空気が閉じ込められる可能性があります。

2. **閉じ込められた蒸気:** 金型離型剤の95% ～ 99%は水ベースです。溶けたアルミを流し込むと、この水が一気に水蒸気になり1000倍に膨張します。これにより、多量のガスポロシティが生じます。

3. **気化した潤滑剤からのガス:** ほとんどの潤滑剤には炭化水素が含まれています。潤滑剤の大部分は 水溶性です。この潤滑剤が加熱された溶融金属と接触すると大量の蒸気が放出され、ガスポロシテ ィが発生します。

4. **水素ガス:** 水素は、アルミニウムおよびアルミニウム合金に溶ける唯一のガスです。溶融アルミニウムへの水素の溶解度は固体アルミニウムよりも高くなります。凝固中、溶融アルミニウム中に存在する水素のほとんどは、アルミニウムが凝固するにつれて排除されますが、一部凝固したキャ スト内に小さな球状のガス孔が形成されます。

神話と現実

滑らかな丸い欠陥はガスが原因で、ギザギザの欠陥は収縮が原因です。ただしこれは常に正しいとは言えません。ガスと収縮が一緒になって多孔性欠陥を形成する場合があり、これがギザギザの欠陥につながる可能性があります。

私はポロシティの2つの主な原因について上記で言及しました。ポロシティの発生源がわかった 今、ポロシティを制御するために何を考慮する必要があるのか?ポロシティを制御する管理部分に光を当てる前にいくつかの重要な考慮事項を見てみましょう.

次の章では、ゲームを強化し次のレベルへ進んでいきます。

第11章

ポロシティに対する管理とマネージメントの重要管理事項

さまざまな技術雑誌や NADCA の書籍で、ポロシティの制御と管理に関する重要な考慮事項がす でに広く取り上げられています。これらは深い専門性をカバーしており、多くの参考資料と研究資料があります。

この本で私が焦点を当てているのは、ポロシティの制御と管理の管理面です。文面にはいくつかの重要な技術的ポイントがカバーされています。それらのいくつかはグラフと簡単な説明によって 表されます。

製品設計

ポロシティの問題は、製品設計段階で対処する必要があります。そうしないと鋳造中に再設計と再作業が発生し、製造時間と市場投入までの全体的な時間が長くなります。

収縮ポロシティを最小限に抑えるための最も費用対効果の高い方法は、収縮ポロシティを可能な 限り製品の外に出るように設計することです。ダイカストの多くの要因が収縮ポロシティに影響します。

ポロシテイに影響を与える複数の製品設計の要因:

合金関係

- 成分
- 収縮%
- 凝固範囲

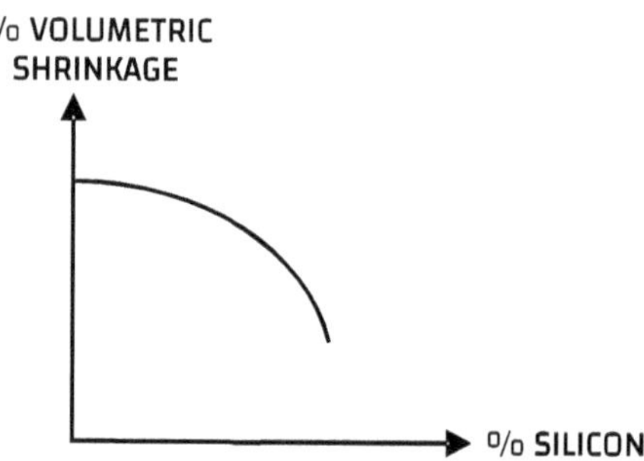

容積収縮率のプロット。ダイカスト合金の組成に含まれるシリコンの割合が増加すると減少します。

厚みとストック

- 最小肉厚
- 均一肉厚
- 機械在庫

最小肉厚が厚く、均一でない肉厚が大きいと、収縮ポロシティ%が増加します。

コアピンと内側角度の外観

- 深さ
- 肉厚
- 位置

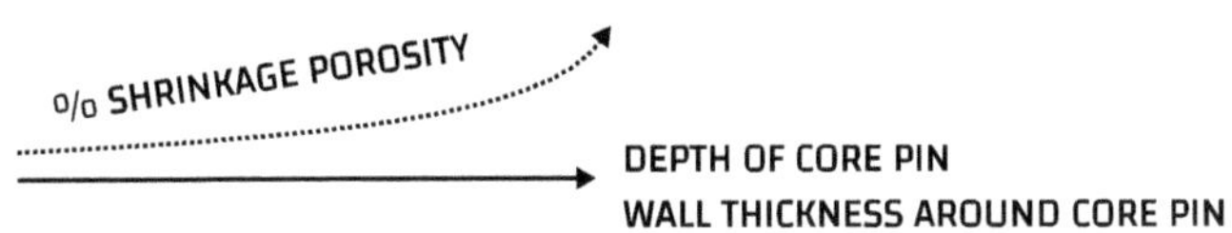

収縮ポロシティ%は、鋳造時のコアピンの深さとコアピンの周囲の壁厚の増加に伴い増加します。

指向性凝固に関する部品設計の影響

収縮ポロシティは、指向性凝固を指向することで最小限に抑えることができます。製品設計者は、指向性凝固を達成できるように設計する必要があります。

ツール設計

ツールまたは金型設計は、ポロシティのレベルと位置を制御するための最も重要なプロセスの1 つです。

金型の温度バランスは収縮ポロシティに大きく影響します。空気とガスによるポロシティは金型の通気性によって制御することができます。金型の温度バランスと通気性はツール設計時に設計されます。

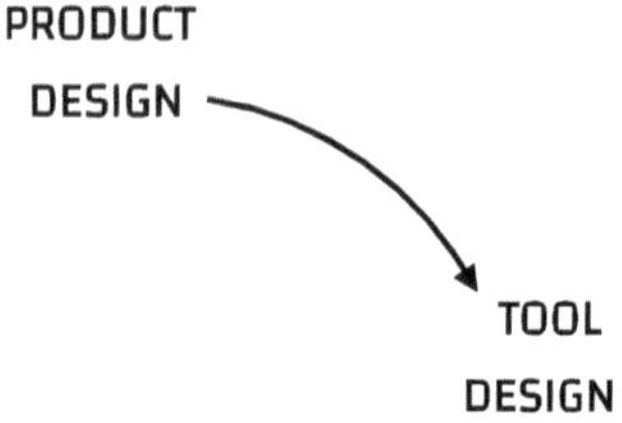

ポロシティに影響を与えるツール設計の要因を以下に示します。

内部冷却構造

- 位置
- ラインサイズ
- 金型温度
- コントロール

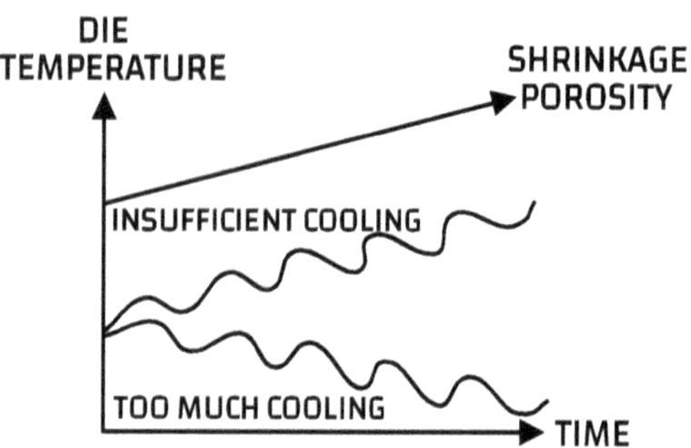

金型の冷却が不十分な場合、金型温度は徐々に上昇します。反対に内部冷却が強すぎると、温度が大幅に低下します。どちらの場合も収縮ポロシティは時間とともに増加します。

金型温度測定

金型の表面温度は一定でなければなりません。そのためには金型の温度を測定し、内部冷却で制御する必要があります。ツール設計者は、温度を測定するための熱電対を組み込む必要があります。

アールとコーナー

金型内側のアールと鋭角は周囲に比べて高温となります。金型の鋭いコーナーにはできるだけ面取りします。

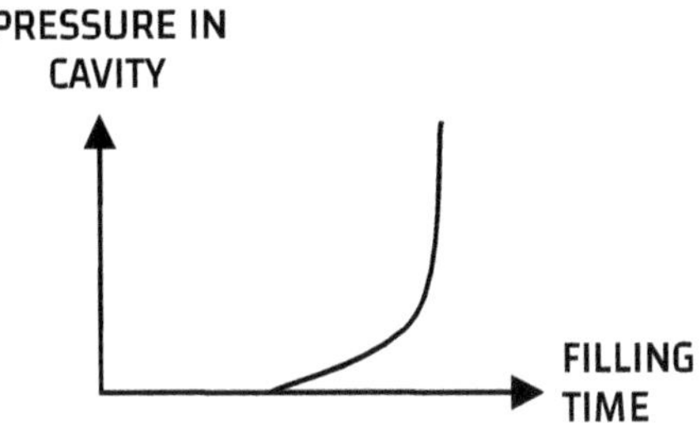

排気

- サイズ
- 位置
- デザイン

増圧は、キャビティ内の空気圧を増加させます。通気が不十分な場合ガス気孔が発生します。

コアピン＆スモールインサート

- 深さ
- 位置
- 冷却

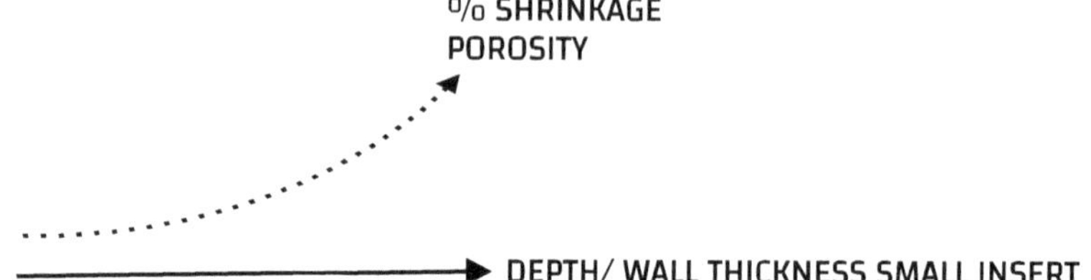

収縮ポロシティ%は、製品中の小さなインサートの深さが増すにつれて増加します。

射出プロファイル

- 充填率%

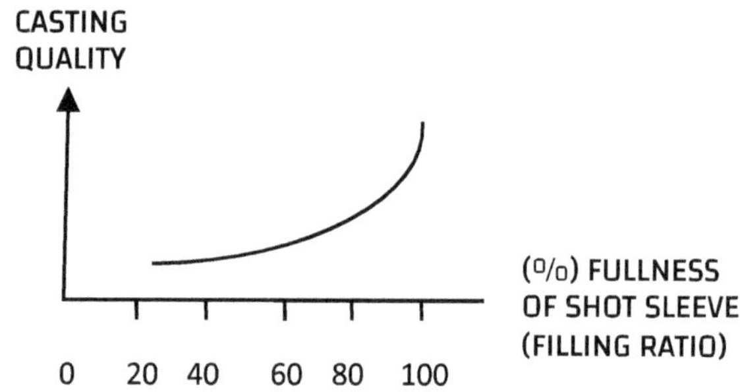

充填率30%の意味は、溶湯30%、空気70%という意味です。この70%の空気がポロシティの原因になります。充填率を上げるとポロシティが低下します。

スクイズピン

- 位置
- サイズ
- 金型温度

- コントロール

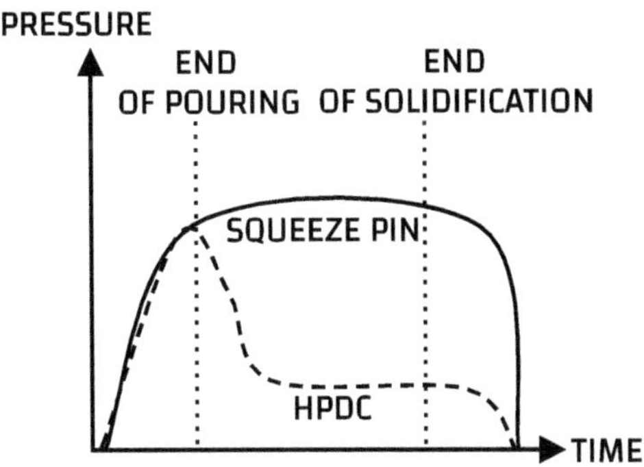

スクイズピンは油圧で作動する可動ピンですが、キャビティが充填された後短時間で製品へ押し出されます。APD ピンを使用した場合の圧力動作範囲は、通常 10,000 ～ 30,000 psi ですが、さら に高くなる場合もあります。

指向性凝固におけるツール設計の影響

上記にて指向性凝固は優れた製品設計によって達成できる事を述べました。これは、優れたツール設計によってさらに強化することができます。まず最も厚い肉厚部にゲートが来るように、製品を金型内で位置づける必要があります。これは通常ゲート部がツール内にあるため、最も厚い肉厚部が製品の底部にある必要があることを意味します。

第 2 に、鋳造において溶湯が供給された入口から先端部まで一様に肉厚を減少させることは実際 には可能なため、キャビティ内に溶湯が供給された際、肉厚部への溶湯供給を維持するように金型温度と内部冷却を設計する必要があります。

メインキャビティーインサート、大型インサート、スライドインサート

これらのインサートは、内部冷却用のスペースを十分に確保することができます。大型インサートは、ダイカスト生産中に所定の動作温度で作動するために、適切な内部冷却を備える必要があり ます。

ジェットクーリング

前述のように、コアピンと小さなインサートは、他の金型領域よりも高温になります。これにより、コアピンの周囲に収縮孔が生じます。ポロシティを最小限に抑えるには、コアピンと小さな薄肉インサートは冷却する必要があります。

このような場合、ツール設計にジェットクーリングを組み込む必要があります。

温度調整

ゲート付近がゲートから離れた領域よりも早く凝固している場合、これらの領域を加熱して溶湯の流れ確保と指向性凝固を促進する必要があります。

そうしないと収縮ポロシティが発生する可能性があります。このような場合、温度調節をツールの設計に組み込む必要があります。

真空

ツール設計では、複数の課題に直面する可能性があります。鋳物は複雑なプロファイルを持っている場合や、ショットスリーブの充填率が低い場合があり、顧客からの厳しいポロシティ基準がある場合もあります。空気の閉じ込めはチルベントでは管理できません。真空はツールの設計段階で考慮する必要があります。

シミュレーションの適用

コンピュータシミュレーションを使用して、製品のどこにどの程度のポロシティが現れるかを予測できます。シミュレーションでは、次の要因によりポロシティと凝固挙動の程度を予測できます。

- 製品形状
- 合金の種類と温度
- 金型の材質と温度

ゲート設計

ゲートとランナーを正しく設計することで、多くのポロシティを減らすことができます。これには全体的な金型寿命と、金型の材料選定と焼付きコントロールも含まれます。

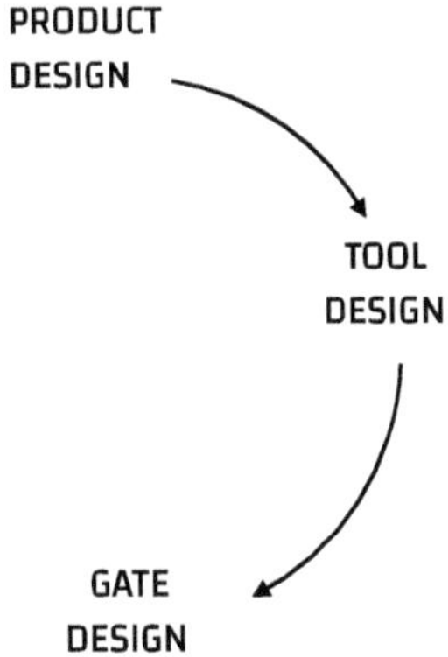

ゲートエリア

- 厚み
- 幅
- ゲートからの距離

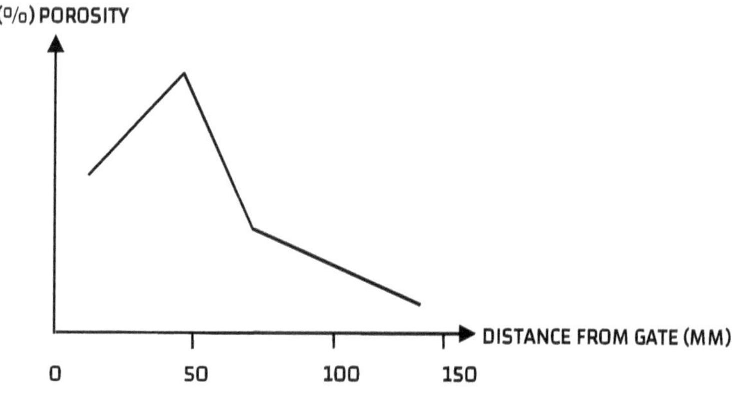

ポロシティ発生不良％は、ゲートから離れた特定のポイントまでは増加し、距離がそのポイントを超えると逆に不良％は減少し始めます。

充填時間

- 充填中に許容される固体の割合
- 金型温度

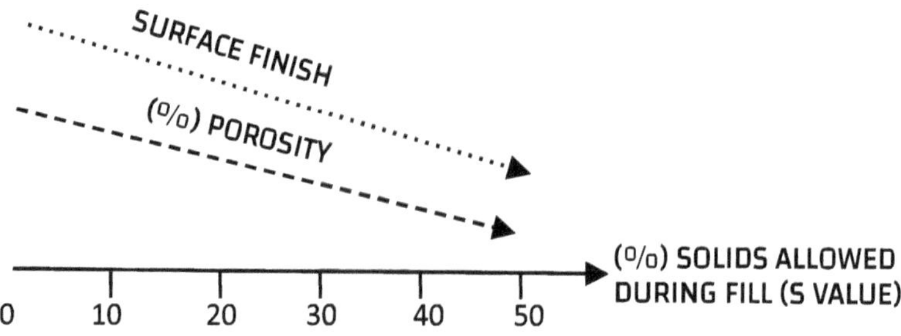

ポロシティは最小限に抑えられますが、S 値が増加すると表面仕上げの品質が低下します。

ゲート速度

- キャビティ充填距離
- 金属反射

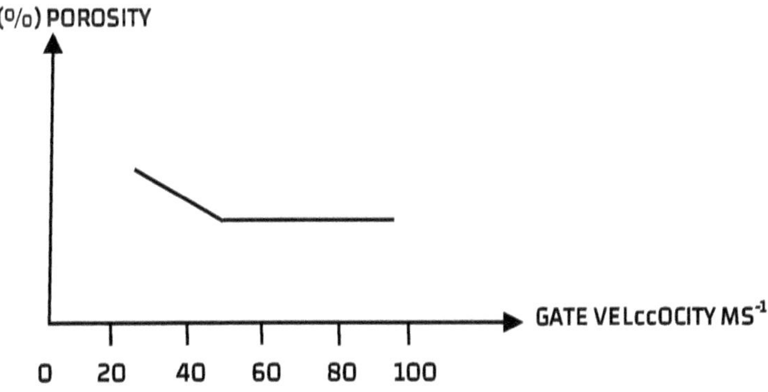

ゲート速度を上げると、ポロシティが減少します。

溶湯供給重要セクション

もし製品内に非常に重要な箇所がある場合、収縮ポロシティを最小限に抑える最善の方法は、これらの部分に直接ゲートを設置することです。ゲートイン部と重要箇所の金型温度が十分に高く保 たれている限りは収縮に対する溶湯の供給が十分に行われるためです。

製品の厚みに対するゲートの厚さの比率

ゲートの厚みは、溶湯の供給を強化する必要のある製品部の最も厚い部分の少なくとも半分である必要があります。プロセスエンジニアがより優れた鋳造品を製造できるようにするためには、製 品設計者は鋳造品の厚みを薄くするよう努める必要があります。

プロセス制御

ポロシティは主に製品とツールの設計に影響されますが、プロセス制御が不十分な場合もポロシ ティが増加する可能性があります。

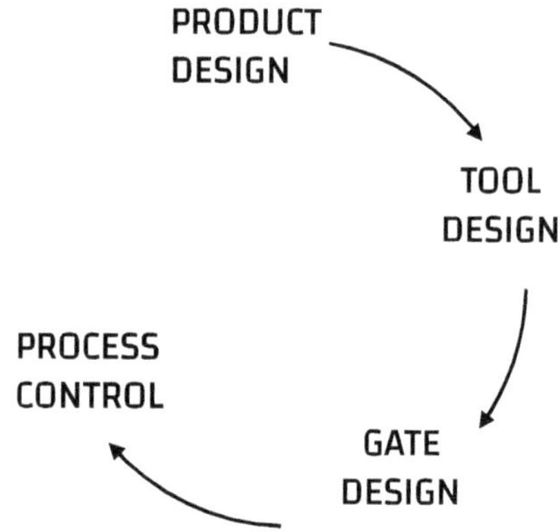

溶解&保持温度

保持炉内の溶湯温度は、ダイカストのポロシティに直接影響を与える最初の要因の1つです。また それは変化しやすい要因で連続的にフィードバック制御が必要な要因です

金型温度

金型温度は収縮ポロシティの位置を制御するためのプロセス制御の最も重要な要因です。また特定の鋳造エリアで溶湯供給が維持される時間を制御することも行われます。

作業サイクル時間

- スプレー時間
- コアイン
- 金型閉

- 給湯時間
- ショットタイム
- 保持時間
- 金型開

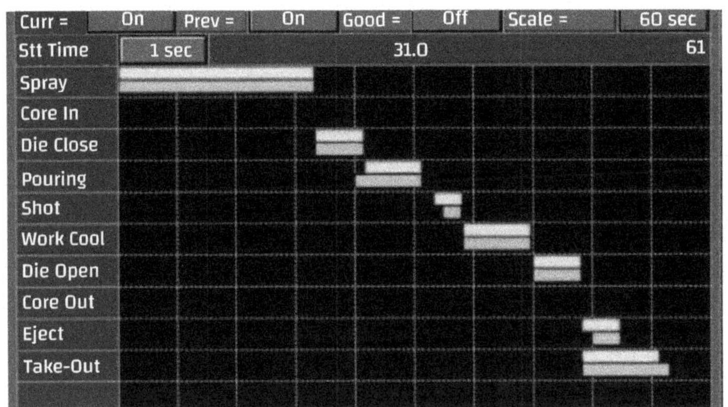

作業サイクルタイミングは、金型温度の最も重要で制御可能な要因の1つです。サイクルタイミングが変動すると、金型温度が変動するため収縮ポロシティに影響を与えます。

ショットエンド要因

- 増圧圧力
- 増圧立上がり時間
- 強化ストローク

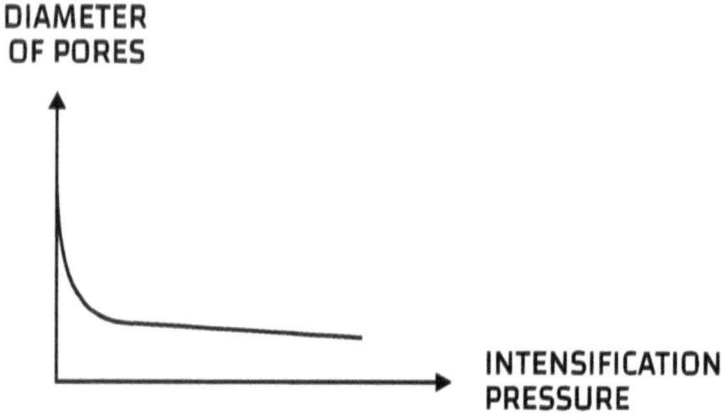

圧力を高めると、ポアサイズが小さくなります。

プランジャー挙動

- プランジャー速度
- プランジャー位置
- 射出圧力
- 加速比

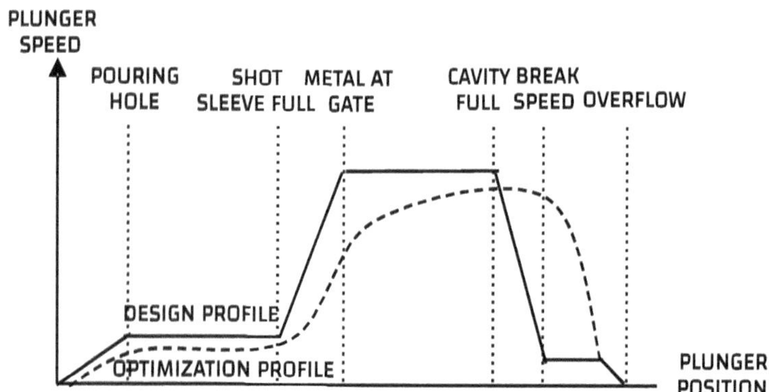

プロセス制御に従って設定されたプロファイルに対して実際のプランジャー挙動を示します。変動はポロシティ制御に影響を与える可能性があります。

潤滑剤&離型剤

- タイプ&割合
- 塗布位置
- 塗布量

あらゆる液体(水など)または揮発性炭化水素(潤滑油、暖房油、作動油など)も、ダイカスト中に大量のガス気孔を生成する可能性があります。

したがって、プランジャー潤滑剤と離型剤を最適化し制御することが重要です。

これまで、ポロシティの制御と管理を 4つに分類してきまし

1. 製品設計
2. ツールの設計
3. ゲート設計
4. プロセス制御

また、ダイカストポロシティに直接的または間接的に影響を与えるいくつかの要因にも触れてきました。大きな課題は、最初にポロシティを設計しさまざまなレベルで一貫してポロシティを管理することです。

すべてのダイキャスターにとって、これらをいかにすべて 1つのフレームワークに組み込むかと いう大きな問題が残っています。

測定可能で制御可能なもの。

ここでZPM フレームワークの出番です。ZPM フレームワークは、どのようなダイカスト作業に対しても、あなたのチームがポロシティを最小限に抑えることを可能にします。以降のページでは、その方法について説明します。

第12章

ZPMフレームワーク

収益性を大幅に向上

ここまでさまざまな要因が同時に作用するため、ポロシティの制御は複雑なプロセスであること を学びました。したがって、すべてのダイカスト製品に展開できる標準テンプレートはありません。

したがってパラメータの標準化は、要因の数が非常に多いためほぼ不可能と言えます。

それでは何ができるでしょうか？設計要因をハンドリングするプロセスを標準化することにトライすることができます。

この本はまた、物事が設計どおりに機能しないことが多い製造現場の実際的な要因を調べようとしています。場合によっては設計段階でも完璧にならないのです。

実際の環境はまったく予測不可能なのです。課題はこれらの現実の状況をとらえてパラメータを変更して、最適化するフレームワークを作成できるかどうかです。

このフレームワークはこのような予測不可能な状況下で機能するのでしょうか? 確認してみましょう。

フィードバックメカニズムの重要性

ダイカストの問題は、シミュレーションのプロセスウィンドウが非常に狭いことです。そのため ゲートの設計と分析は、あなたのプロセス内にあるべき種類のウィンドウで行われます。つまり、理想的な機械、金型の性能、金型の温度を考慮するということであり、実際には維持するのが非常に困難です。それは挑戦です。ではこれに対するフィードバックとして何をすべきか?これらの種類のプロセスが望ましい結果を得られるように、ゲートとランナーの設計およびその他のプロセスパラメータをさらに最適化する必要があります。したがって、フィードバックシステム設計者は、これらのさまざまなインプットに対応して優れた製品を提供できるように、プロセスのウィンドウを開く必要があります。

– ダイカストの第一人者

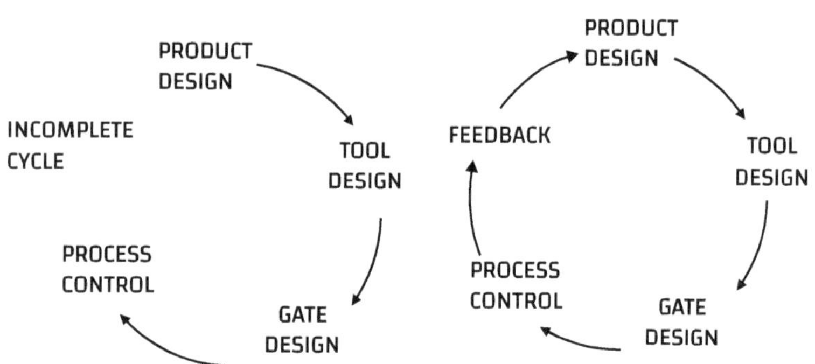

最大の問題の1つは、製品、ツール、ゲート、およびプロセスパラメータが理想的な条件を考慮して設計されていることです。

製造現場では、このような理想的な条件はめったにありません。また、機能性、強度、耐久性、伸び、安全性、軽量化など、製品設計はすべてのトピックスが検討される一方で、ポロシティは最終段階で明らかになることがよくあります。しかしこれらの要因はすべて相互に関連しているのです。

たとえば継続的に軽量化が求められるため、ポロシティは薄い/厚い部分や大きな表面積で発生する可能性が高くなります。

世界中の最も進歩的な会社であるNEW AGE社では、アップグレードへの投資に対する誠実で献身的な努力が見られます。

- 設計ソフトウェア
- シミュレーション
- 工具製造
- 最先端のダイカストマシン
- 周辺機器
- スプレーシステム
- 自動化
- 後処理メカニズム

そして、次の飛躍に向けて投資を行うNEXT時代の企業があります。

- 出力側のパラメータを測定するためのモニタリングシステム
- ダイカストエコシステムと一体化した中央デバイスで取得したデータ分析
- アラームを生成し、入力レベルを修正するためのフィードバックを提供するシステムの構築
- 自動修正のための AI の使用

ダイカスト業界 4.0 と AI について、業界関係者は次のように述べています。

多くのテクノロジーとイノベーションが登場しています。ブラックボックスである固定金型と可動金型の間で何が起こっているかはわかりません。しかし、金型の温度や熱平衡など、さまざまな種類の測定機器を使用してプロセスを非常に詳しく観察すると常識としてこれらは予測できることでもあります。フラッシュが製品にくっついたり、金型からフラッシュしたり、ビスケットの厚さなどの視覚的な観察もできます。機械加工後最後に発覚するポロシティ不良は結果なのです。さまざまな要因分析にスポットし、そしてそれらが制御されていれば、間違いなく目標に到達することができるのです。

– ダイスカスト会社社長

キックスタートとして、ダイカストユニットからのフィードバックとモニタリングについて、次の 内容が問われます。

- ダイカストエコシステム全体を監視するメカニズムはありますか?
- データは把握されていますか?
- 収集されたデータは分析されていますか?
- 実用的な結果が得られていますか?
- 部品設計に関するフィードバックを顧客に提供する仕組みはありますか?
- ツールとゲート設計、プロセスパラメータ、金型メンテナンスのための構造化されたフィードバックと修正メカニズムはありますか?

設計サイクル

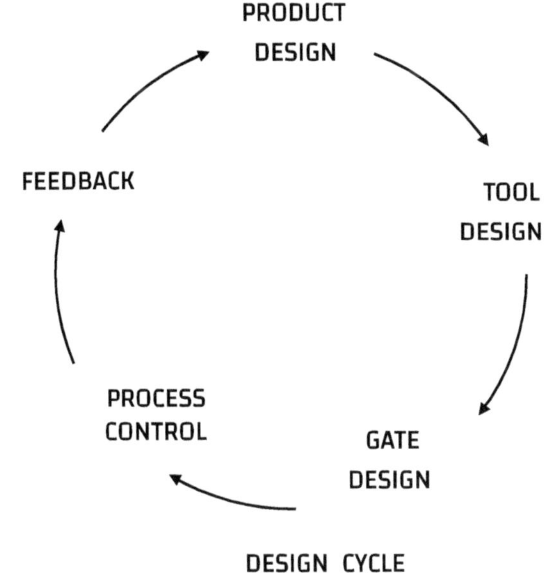

DESIGN CYCLE

これは、新製品開発のための設計上の検討事項のサイクルです。これは、理想的な条件下での計算、経験、および/またはシミュレーションに基づき、製品、ツールとゲート設計、およびプロセスのパラメータを決定することです。

OEMは製品設計に取り組みます。次に実現可能性の調査、見積り、および最終決定のために、それをダイキャスターに降ろします。

両当事者が商業的に同意すると、ダイキャスターは、過去の経験、科学計算、OEMからの入力、およびコンピューターシミュレーションに基づいて、ツール、ゲート、およびプロセス パラメータを設計します。

これは理想的には、新製品に対して1回のみの演習となります。

最適化サイクル

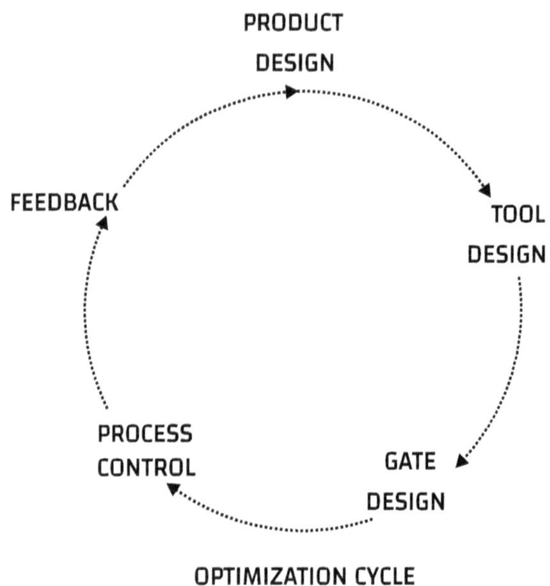

これは、最適化、修正、または変更のために、既存の製品の設計再検討のサイクルです。ツール、ゲート、プロセス設計などのパラメータは、フィードバックに基づいて即座に作成されます。これは、溶解、給湯、射出、金型、ダイカストマシン、スプレー、周辺機器、および排出など、製造現場のリアルタイムの条件から導き出されます。

フィードバックと製品のニーズに基づいて、次の2つのアプローチを選択することができます。

1. 是正アプローチ

このアプローチは、ほとんどのダイカストが使用する従来のアプローチです。これは、欠陥、主にポロシティの特定から始まります。これはプロセス内の不合格または最終顧客から指摘された不合格の内部品質調査結果のいずれかで行われます。

ポロシティを測定し顧客要求の仕様から外れている場合は、ダイカスターのチームが根本原因を分析します。分析後、トラブルシューティング手順が取り上げられます。

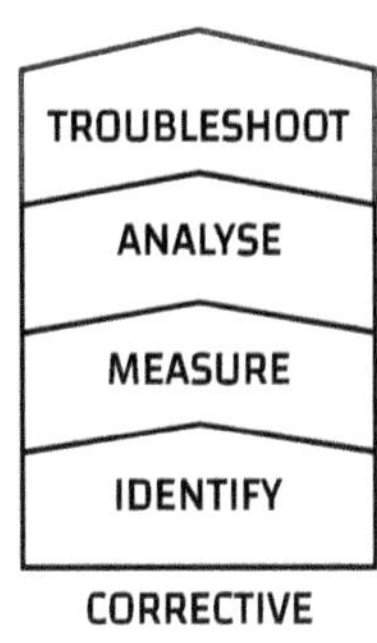

2. 予防的アプローチ

これは、拒否を回避または最小限に抑えるために行われます。主要な設計およびプロセスパラメータの変動は、定期的に監視、特定、分析する必要があります。

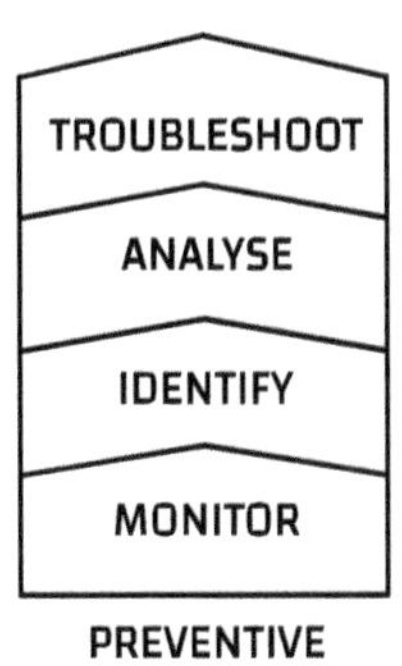

パラメータに許容限界を超える大幅な偏差がある場合は、WHY-WHYの思考を通じて根本原因を突き止め、分析し、是正措置を講じます。

これは、設計およびプロセスパラメータが許容値内に維持されている場合、初期レベルの設計段階でポロシティを最小限に抑えることができることを証明する重要なデータがあることが想定されます。

たとえば、通常または突然発生するかどうかにかかわらず、増圧圧力が大幅に低下した場合、それは確実に収縮ポロシティの増加につながります。

逆に、増圧圧力が急激に増加した場合、収縮ポロシティには影響しない可能性がありますが、システムへの圧力が増加するため、装置類の消耗につながる可能性があります。

第13章

ZPM-360度

利益率の高いクリティカルパーツへの対応

世界中のダイキャスターとのさまざまなやり取りの中で、薄肉部品を鋳造する能力とそれらの部品がいかに重要であるかについて、彼らがどれほど誇りに思っているかを観察してきました。

これは、長年の経験、開発、専門知識の成果と言えます。

結局のところ、すべてのダイカスト会社には2つの選択肢があります。

1. 最小限の厳しい要件でありふれた簡単に鋳造できる部品を鋳造
2. 厳しい基準を満たす困難で重要な部品を鋳造

選択は明らかです。重要な部品はより高いマージンを意味し、不合格のない製品を提供できればビジネス上の利益が向上します。

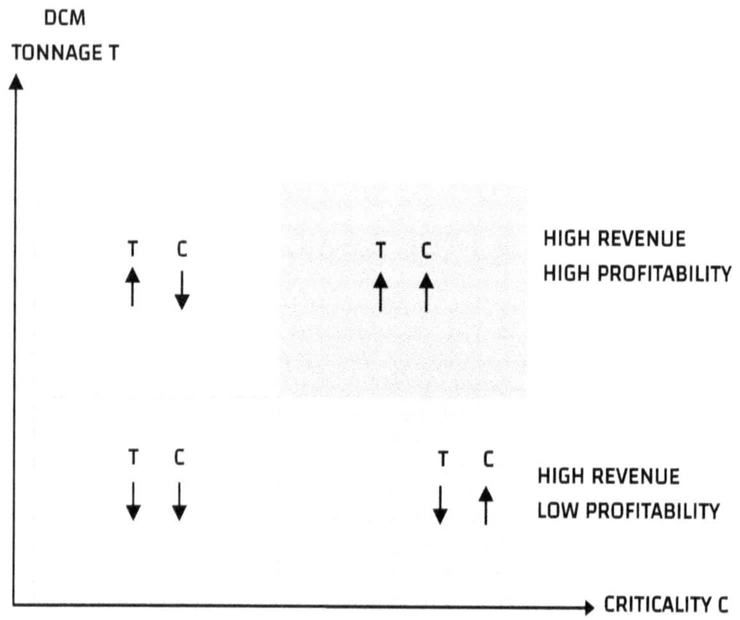

あなたの会社は収益を上げたいと思っていると思います。上図から明らかなように、HIGH TONNAGE-HIGHLY CRITICAL 鋳造がその道のりです。

ただし、ステップは徐々に上っていく必要があります。型締力低トン数で重要性の低い部品から、低トン数で非常に重要な部品、高トン数で重要度の低い部品、そして高トン数で非常に重要な部品へと進んでいくのです。

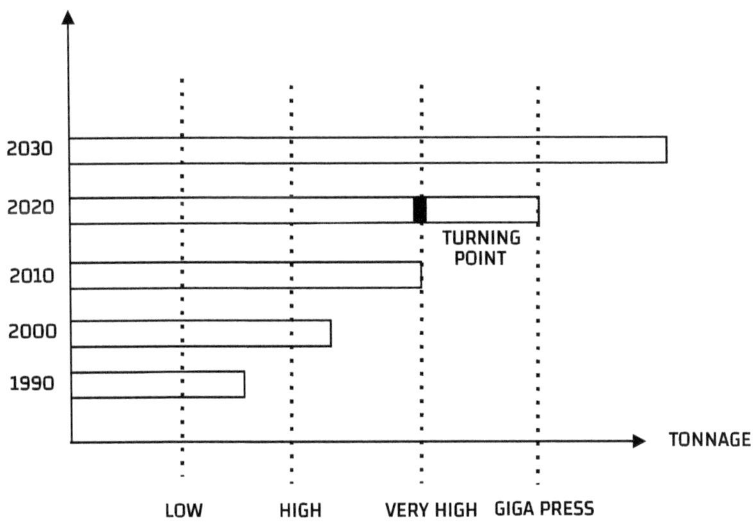

上図は、過去30年間でダイカストマシンサイズがどのように進化したかを示しています。2010年まで、最高トン数のダイカストマシンは約2500トンでした。2020年までにトン数は4000トンに増加し、超高トン数機と呼ばれています。

2020年、テスラは6500トンの巨大なダイカストマシンであるギガプレスのコンセプトを発表しました。車の足回りのリア部分を製作するものです。これまでのダイカストマシンのサイズとトン数の世界から見て、私はこれを「ターニングポイント」と呼んでいます。

ギガプレスはゲームチェンジャーです。

テスラは、次のようになると主張しています

- 300台のロボットを使用する必要がなくなります
- 70の部品を1つの部品に減らします
- 30%のコスト削減につながります

- 車の強度と耐久性を向上させます

誰も信じませんでした。テスラは、米国カリフォルニア州のフリーモント工場 (下の写真、テスラ提供) に最初のギガプレスを設置しました。巨大なプレス (DCM) は、リアアンダーボディ全体を一体成形します。

テスラは現在、これらのギガダイカストマシンを中国、ドイツ、米国オースティンの工場に設置しています。

2022 年にこの本を書いている現在でも、ますます多くの自動車メーカーがこのようなダイカストマシンの利点に気づき、それらのギガマシンを使用し始めています。

12,000トンのドリームプレスは、私が「統合メガキャスティング」と呼んでいる製品を鋳造および製造するために建設されています。

テスラ, カリフォルニア、USA

テスラ、カリフォルニア州、米国。トレンドは広く明確です。

「一体化された鋳造品は、より小さな部品を置き換えることになります。」

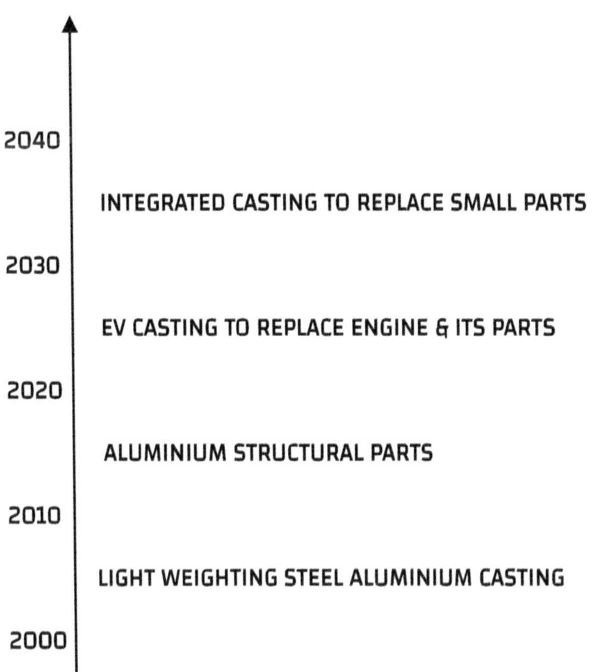

図に示されているように、異なる数十年を次のように定義できます。

2000-2010

軽量化。スチール部品は、アルミニウムやその他の軽量化合金に変換設計されました。これにより、車両重量が減少し燃費が向上し厳しい排出基準をクリアーすることができました。

2010-2020

それは「構造部品の出現」の時代でした。車両のショックタワーと構造部品は、アルミニウム鋳 物から作られました。

2020-2030

「エンジンをEV部品に交換」の時期です。2022年9月の今日私たちは10年の半分にも達していませんが、控えめに言ってもEV 部品の開発速度は異常です。

2030-2040

この時期は「小型鋳物から大型一体鋳物への置き換え」の先駆けとなるでしょう。ギガサイズの小型部品置き換え一体鋳造へ

エンジン部品置き換えEV 部品鋳造へ大型鋳造プレスの普及が本格化。それまでにこの業界は成熟するでしょう。

これはあなたと私にとって何を意味しますか?

大きな魚が小さな魚を食べるシナリオのように思えるかもしれませんが、時代に適応した人は確実に生き残ることができます。世界中の部品設計者は、開発と生産を簡素化し、コストを削減するために、一体鋳造に注目しています。

機敏で、構造化され、進化した魚だけが、今後大きな魚から逃れることができます。

このようなトレンドに伴い、ダイカスト会社がこれら変化する時代に適応することは的を得ています。

あなたのダイカスト会社はどの程度準備ができていると思いますか? 準備状況については、次の章で説明します。

トピックをさらに掘り下げましょう

利益率の高い重要部品への対応

ダイカスト企業としての準備は、基盤設備と広く関連しています。生産のためだけでなく、顧客に影響を与え、重要な鋳造/部品の製造資格を得るためにも基盤設備が必要です。

したがって、基盤設備はOEMから認定/候補リストを取得するための重要な足がかりとなります。

ただし、OEM先が開発と製造に関する鋳造を依頼する時に、あなたの本当の心構えがテストされます。

基盤設備がある場合においても、チームの心構えに大きく依存することになります。

この本において、この部分は多くのダイキャスーが立ち往生する所でもあるため、チームの心構え準備について詳しく説明していきます。

製品としての受入れと耐久性に要求される最小のポロシティ基準を達成するためには、強力なチームワークが必要です。ビジネスの鍵となる機能間の強力な調整が必要です。これを 360 度アプローチと呼んでいます。

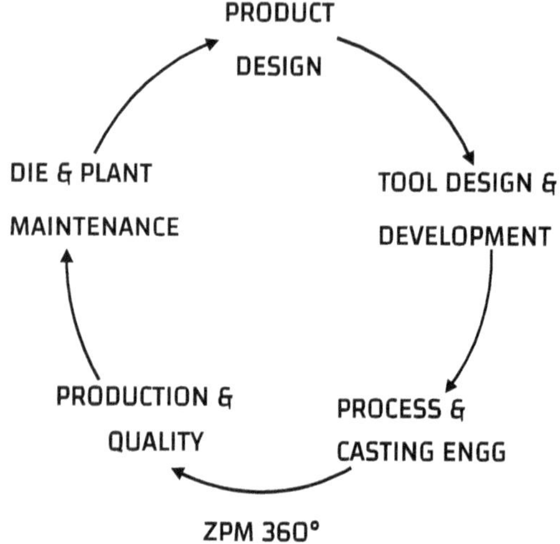

ダイカストの主な鍵となる機能は、

1. 部品・製品の設計
2. ツールの設計と開発
3. プロセスおよび鋳造工学
4. 生産と品質
5. 金型・プラントのメンテナンス

次のステップとして、すべての部門のインプット、役割、およびアウトプットを定義または再定義します。

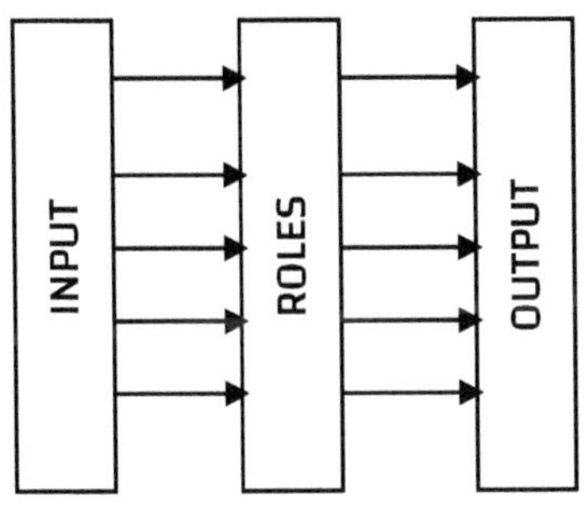

測定されたアウトプットとインプットに基づいて、部門の役割を定義することができます。

プロセスフロー図は、設計、最適化、およびフィードバックサイクルに基づいて作成することができます。これにより、機敏で構造化されたシステムを作成できます。次に、すべてのステージのWHAT、WHO、WHENを定義します。

すべての仕事のターンアラウンドタイム (TAT) を定義します。これは、各々の目標完了日に基づいて定義します。またそれは一時的な遅延にも対応することができます。

これらのステップは、チーム間に絶対的な明快さと敏捷性をもたらします。事前に遅延を予測し、遅延を最小限に抑えるための措置を講じることは説明責任をもたらすことにもなります。あなたのチームは、毎週仕組みを見直して修正する必要があります。また、定期的に物事をスピードアップするために是正措置を講じる必要がある場合もあります。

すべてのチームが共通の目標を持つ必要です :「ゼロポロシティ」そのためには、組織を横断するチームが必要です。

- 是正措置と予防措置に基づいて実行可能な事項を確認します

- プロセスチェーンの継続的な改善に取り組みます
- お客様の要件を確認し、実行可能な事項を組み込みます
- ポロシティの傾向を分析し、基準を作成します
- モニタリングと実行可能なチェックリストとフォーマットを作成します
- 即時、短期、および長期の実行可能事項の進捗状況を確認します

この本の冒頭で述べたように、ポロシティの管理は通常少数の専門家によって行われますが、

ZPM 360度 と上記の推奨事項を実施することで、ノウハウがチーム全体に順次分散されていきます。

したがって、すべてのステージで明確で理論的な説明責任を生み出すことになります。

行動は言葉よりも大きい。そして実行はこの360度アプローチのメリットを享受するための鍵となります。

次の章に進みます。これは、このエコシステムの最も重要な要因の1つです。

第14章

ZPM文化

スキル・経験への依存度の低減

機械加工後の約45%の不合格率を見ると、労働力、電力、溶解コスト、そして溶解プロセス中の損失という点で、多くの付随的な資源の浪費があります。次に、ゲート切断、バリ取り、ショットブラスト、機械の稼働時間、および機械の人件費です。だから、それは複数の影響があり、減らす必要があります。そのため、特にダイカスト業界では、組織にゼロポロシティ文化を導入するというコンセプトが非常に重要です。

– D Sundar,

Rane (Madras) Ltd 社長 - インド軽合金鋳造

ゼロポロシティの文化と考え方

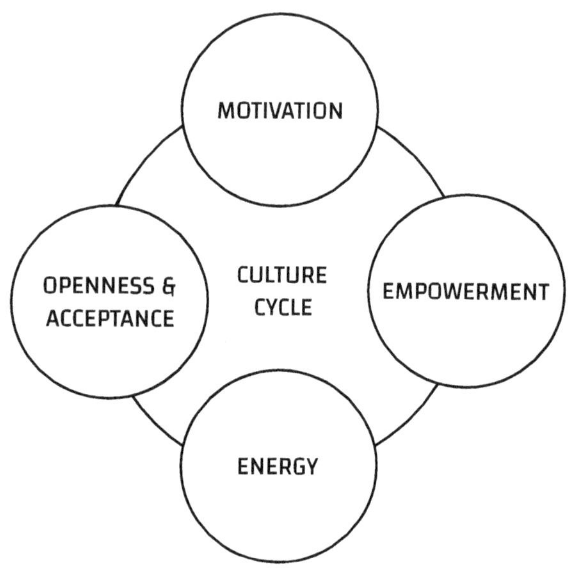

文化は、多くの場合、モチベーション、権限の付与、エネルギー、開放性、受容性の組み合わせです。文化を発展させせることは、経営トップの長期的な取り組みです。人事部門は、ポロシティゼロの文化を育む上で重要な役割を果たすことができます。

私たちはいくつかの対策を講じますが、時々それを放置し妥協します。不良は一桁なので大丈夫ですと。これはダイカストの典型的な考え方です。したがって、ポロシティゼロの概念は、導入に必要な種類の文化として本当に高く評価されるのです。これは到達できない可能性があるビジョンです。しかし考え方を変えることは重要です。したがって、誰もがポロシティゼロについて話し始めると、おそらく今後 2 ～ 3 年間で 不良率は2 ～ 3% になるでしょう。どのダイカスト会社にとっモチベーション権限付与エネルギー開放性&受容性文化サイクルて

も素晴らしい旅になると思います。あなたが一種の考え方としてこれを受け入れてくれるたことに感謝します。業界の中には、これは課題ではないという神話や信念がいくつかあります。ですから、私たちが挑戦すべきであり、この変革をもたらさなければならないことに私は完全に同意するものです。

– D Sundar,

Rane (Madras) Ltd 社長 – インド軽金属鋳造

ZPM 文化を発展させるために、トップマネジメントは、その周りに実行可能な一連の事項を定義する必要があります。開始するためのいくつかの提案を次に示します。

- あなたの会社の究極の目標として「ゼロポロシティ」を宣言してください
- 日または1週間ごとに、ZP日/ZP 週として指定してセレモニーを行ってください
- ゼロポシテイ賞を制定します
- 審査員によって改善事例が審査される ZP コンテストを開催します
- ZP 認定を授与します
- すべての部門、製造にわたって ZP の最優秀改善事例を表示します
- 毎日、ポロシティによる損失を視覚的に表示します
- ポロシティゼロを達成するためのチェックリストをすべての従業員に用意します

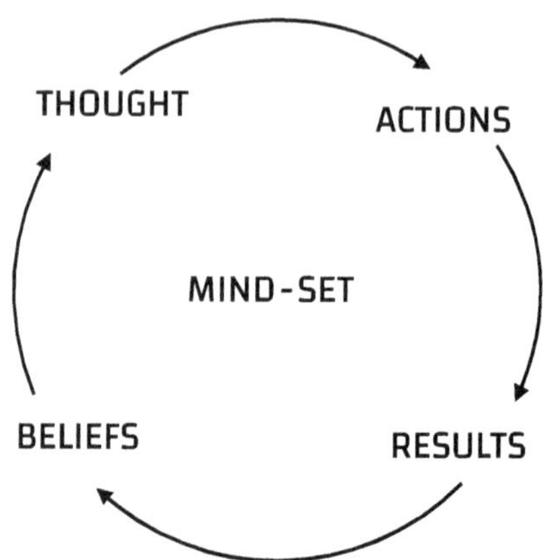

信念があなたの思考と行動を動かします。そして、これがあなたの行動を定義します。そしてご存知のように、行動は結果をもたらします。

考え方を発展させるためには、トップの信念体系と共に多くのことを実行しなければなりません。会社の鍵となるドライバーとして、これが可能であると本当に信じているかどうかを確認する必要があります。少しでも疑いがあればあなたの信念体系は不安定化し、組織構造全体にそれが浸透する可能性があるためです。

ポロシティゼロに向けて進むべきだと思います。ですから、それは完全に一種の考え方と文化です。トップマネジメントから始まり、ミドルマネジメントへと進み、最後にオペレータのトレーニングが必要です。オペレータのスキルレベルやスーパーバイザーの能力レベルなど、多くの課題に対処することが非常に重要です。

– CXO, ティワン ダイカスター

組織の考え方は通常、トップから始まり会社全体に浸透します。あなたが伝える内容とその方法は会社の考え方に方向性を与えます。もちろん、社内でのトレーニング、カウンセリング、定期的なブレインストーミングセッションは、デザインの考え方を深く根付かせるのに役立ちます。

仕事をうまくこなしているすべてのダイカスト会社は社会に対して多大な貢献をしています。

ダイカストのすべての仕事によって、世界はより住みやすい場所になっています。ダイカストは軽量化の重要な要素であり、燃料効率を 100% 以上向上させます。過去 30 年間にこれらが達成されなかったと時のことを考えて見てください、世界の窮状を想像してみてください。

電気自動車の場合、充電あたりの走行距離はEVモビリティ全体がどれだけカーボンニュートラルであるか直接関係します。

軽量化材料の中でも特にダイカストは、この革命に大きく貢献しているのです。

DIGNITY
PURPOSE

チーム内に尊厳と目的意識を植え付ける必要があります。すべての従業員は、心の奥底でより大きな目的に個人的に貢献したいと考えています。それを認識し機会を提供してください。社員一人ひとりは自分自身も成長したいと思っています、その欲求を満たさなければなりません。

これにより、尊厳と目的に基づき、ポロシティゼロの文化を作成するためのコア基盤を形成することができます

ダイカスト会社が直面する最大の課題の1つは、熟練した人材を獲得して維持することです。

世界のどこにおいても正式なトレーニングは提供されておらず、学部および大学院レベルで特定の科目としてダイカストを教えている学校や大学もほとんどありません。

実践的なトレーニングセンターは存在しますが、ごくわずかです。最新のダイカスト技術を運用・管理できるオペレータはなかなか見つからないのが実情です。

したがって、次のレベルの熟練した人材はいません。

- オペレーター
- エンジニア
- マネジャー

意外に思うことはありますか?ダイカストは、自動車、EV の開発と生産、そして私たちが目の当たりにしているモビリティの一般的な革命に最も重要な貢献をしている製品の1つです。

ダイカスト業界は、独自の規定を作成する必要があります。状況を理解し、熟考し、それに応じて計画する必要があります。

業務の規模に応じて、スキル開発、トレーニング、オリエンテーション、および感作(繰り返さる刺激に対して徐々に反応が増大していくプロセス)、に対する個別の規定を設定する必要があります。

認識しなければならないことの1つは、熟練した訓練を受けた人材が永久に不足するということです。供給よりも需要のほうが多いのです。

訓練を受け経験を積んだ人材を引き抜くという戦略は、長期的な戦略ではありません。また、不安定性やコスト超過にもつながります。

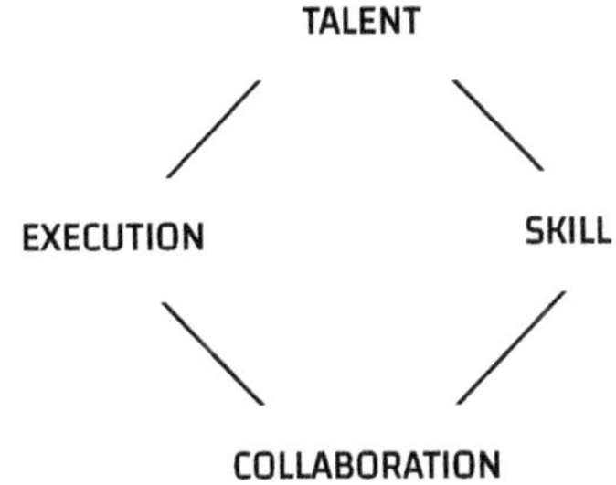

次のレベルでスキルと才能を開発します。

- ショップフロア
- 設計
- プロセス
- 製造
- メンテナンス

そして、次の内容をカバーします。

- ダイカストの基礎
- トラブルシューティング
- 高度なダイカスト技術

スキルの向上と人材の育成は社内で行うか外部委託するかにかかわらず、企業内で継続的に行う必要があります。

ダイカストは一連の複雑で大きな変数を組み合わせたものであり、管理は芸術であり科学でもあります。

~Rahat A Bhatia

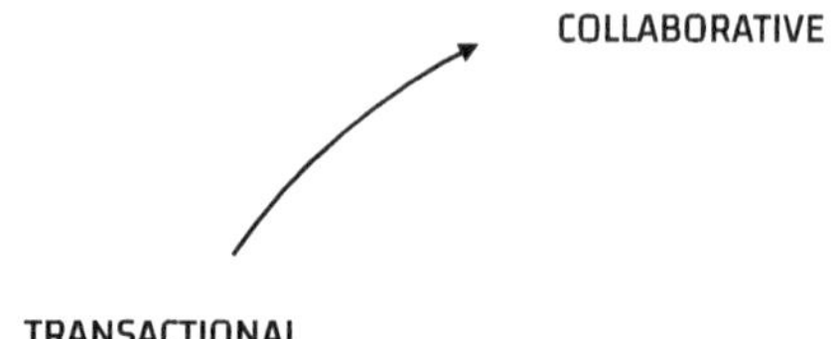

ダイカストが取引ビジネスだった時代は終わりました。

コラボレーションとは、誰かと協力して何かを生み出す行為です。

ダイカストのプロセスは複雑であるため、企業はサプライヤー、従業員、さらには顧客との協力という理念に基づいて取り組む必要があります。

どのような考え、アイデア、ノウハウも、実行が伴わなければ実を結びません。

最速が生き残り

最も早い動きのあるダイカスト企業だけが生き残るでしょう。実行速度はもはやオプションではありコラボレーション取引ません。それは生存の必需品です。それをあなたの文化の一部にしてください。これは組織内でトップダウンのアプローチである必要があります。

すべての行動は実行されると、敏捷性とイノベーションにつながる必要があります。

このような変革をもたらすのは 1 日でできることではありません。それは長い旅のようなものです。

それは構造化された旅です。この旅はダイカストビジネスを完全に変革する可能性があるという認識によって促進される必要があります。そしてそれを持続可能なものにしていきましょう。

実行の5つの原則

フィードバックと修正のメカニズムが整備されていないので心配ではありませんか? 心配ありません。今日から始められます。

すぐに効果が得られることは次のとおりです。

1. 主要なチームメンバーを呼んで会議を開催し、実行の計画を作成します。
2. ツール、ゲート、DCM、周辺機器、ユーティリティ(水、空気、電力、金属)に関連し、ポロシティに影響を与える可能性のあるすべてのパラメータ/変数をリストアップするよう依頼します。
3. 80/20 分析を実行し、各領域の上位 3つまたは 4つを選択します。
4. 小規模な部門横断的なタスクフォースを作成し、この問題に取り組み、定められた頻度で報告するよう割り当てます。
5. リソースを展開して分析し、トラブルシューティングのための措置を講じます。

これらの手順は今すぐ実行できます。

第15章

新しい技術ソルーション

新しい次世代のダイカストは、最新のテクノロジーソリューションを使用して、ダイカストプロセスの制御を強化しポロシティを低減します。

一部の主要なダイカスト企業では、広範な学術研究と研究開発が行われています。彼らはトレーサビリティを通じて、分析と洞察を得るために使用できる、より多くの情報を取得するための新しい方法を試みています。

このセクションでは、使用されている既存のテクノロジーの新しい展開といくつかの新しいソリューションについて説明します。これらは、ポロシティを低減し、ダイカストの全体的な品質を向上させるという先駆的な取り組みを行っています。

高真空技術

高真空技術は主に鋳造品のガスポロシティを減らすために使用されます。このテクノロジーは長年にわたって開発され進化してきました。高真空技術分野における新たな発展をいくつか紹介します。

1. **二段階真空法:** これは、金型とショットスリーブの両方からの真空引きを行います。特にゲート領域でガスのポロシティが大幅に減少していることがわかります。また、抵抗が減ることによりショット速度の安定性も向上します。

2. **高真空法:** これは、非常に厳しいポロシティの可能性があり、安全性が重視される重要な鋳物に適しています。キャビティ内を50ミリバール未満のレベルの真空に維持する必要があります。効果を発揮するには、金型内のすべての箇所と漏れ箇所を完全に密閉する必要があります。

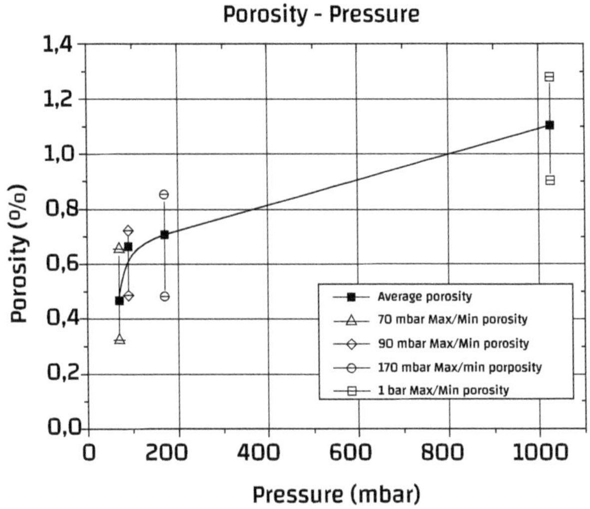

3. **モジュール式真空法:** 大型ダイカストマシンでは、金型の最も近くで真空を作動させる必要があります。これにより、真空を作り出す際の作動時間と損失が削減されます。Fondarex や Raga Group などの一部のメーカーは、モジュール式真空ソリューションを考案しました。モジュラーユニットまたは拡張ユニットはプラテンに取り付けられます。ユニットは真空を作動させ、吸引されたガスの測定を通じた入力信号も受け取ることができます。

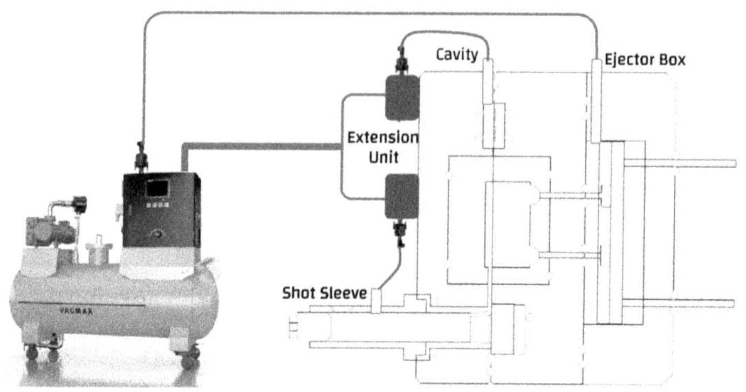

ツインステージ + モジュラー + 高真空の典型的なレイアウト

ジェットクール

ジェットクールは日本発祥です。現在では、OEM、Tier-1、さらにはTier-2 のダイキャスターでも使用されています。

当初、コアピンの冷却にはジェットクールが使用され、コアピンの周囲の収縮ポロシティや焼き付き、ピンの摩耗を軽減していました。

現在では、この技術はコアピンをしのぐようになっています。

現在では、スポット冷却では冷却できない薄肉インサートにもジェットクールが使用されています。

コンフォーマル冷却と併用して、ホットゾーンへの冷却効果を高めます。

一部のダイカストでは、凝固パターンの変化により鋳物の強度を高めるためにジェットクールを使用しています。

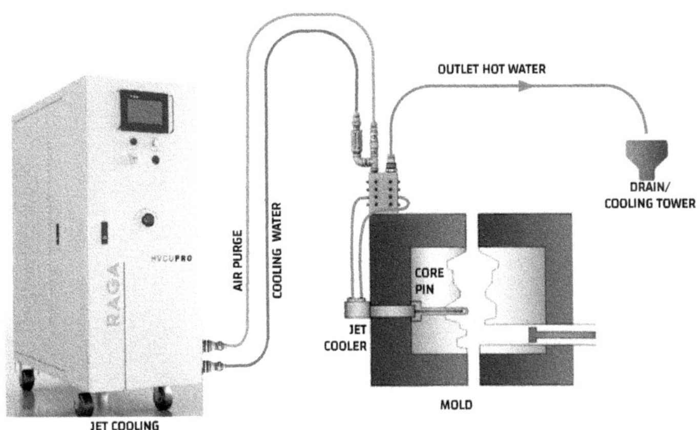

典型的なジェットクールレイアウト

ジェットクールは最近は次のような発展を遂げています

閉ループジェットクール

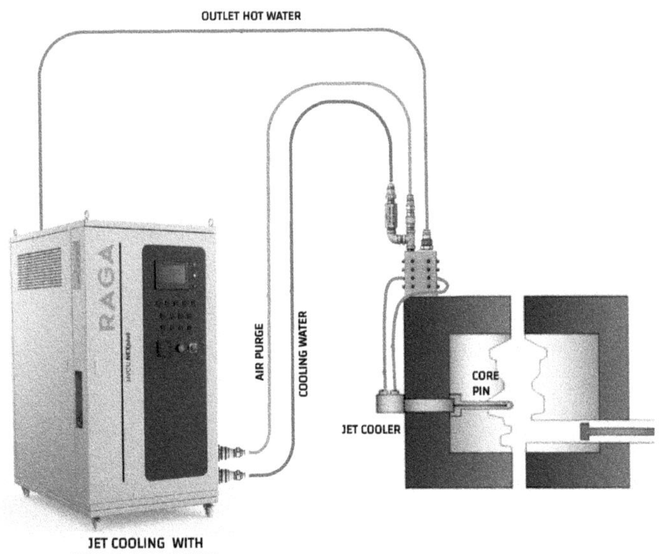

典型的なジェットクールレイアウト

ジェットクールは最近は次のような発展を遂げています

閉ループジェットクール

温度コントロール付ジェットクーリン

金型から出た水は金型内に再循環されます。これによりダイカストにとって多大なコストとなる毎日の大量の処理水を節約できます。

閉ループには、ジェット冷却内の導電率測定とオンライン補正も含まれています。これにより水質が維持され、スケール、詰まり、故障のメンテナンスが大幅に減少します。

モニタリングシステム

このモニタリングシステムは、ジェットクールシステムにトレーサビリティと予測可能性をもたらす最新の技術です。

各サイクル毎の金型の出口でのモニタリングにより、ジェットクールラインの詰まり、破損、漏れを防止するためのデータと情報が得られます。

データは、すべてのショットのコアピンまたはジェットクールラインごとに収集されます。流量、温度、圧力、その他の入力微分値などのパラメーターはリアルタイムで追跡されます。破損した場合、機械はアラームを生成します。ダイカストマシン自体を停止させることも可能です。

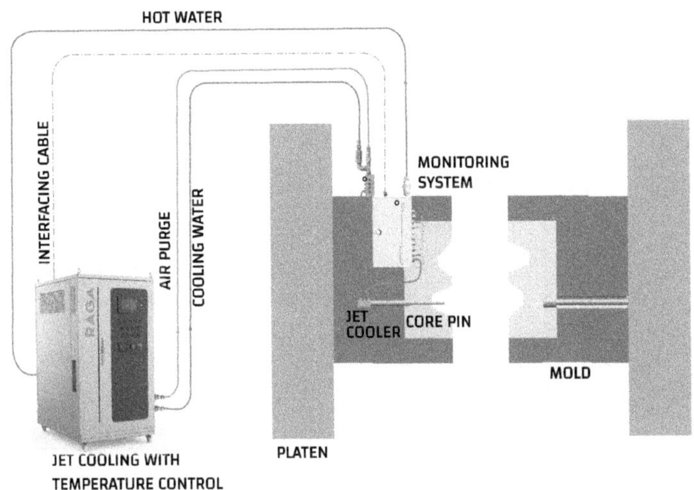

超高トン数のダイカストマシンのジェットクール

ギガプレスなどの非常に高トン数のダイカストマシンでは、鋳物全体に大きな表面とより多くのヒートゾーンができます。コアピンや薄肉部分の周囲で望ましい凝固形態を実現するために、異なるゾーンに異なる形式の冷却が必要です。これらに使用される最先端のジェットクールマシンには、閉ループ機能とライブモニタリング機能が含まれています。

モジュラークーリング

最近の開発により、ジェットクールおよびその他すべての金型冷却モードにモジュール式冷却コンセプトが導入されました。これらのユニットは金型の近くに取り付けることができ、作動時間を短縮、圧力低下を低減します。ジェットクール、ライン冷却、スポット冷却のワンストップソリューションです。より優れたプロセス制御を実現します。

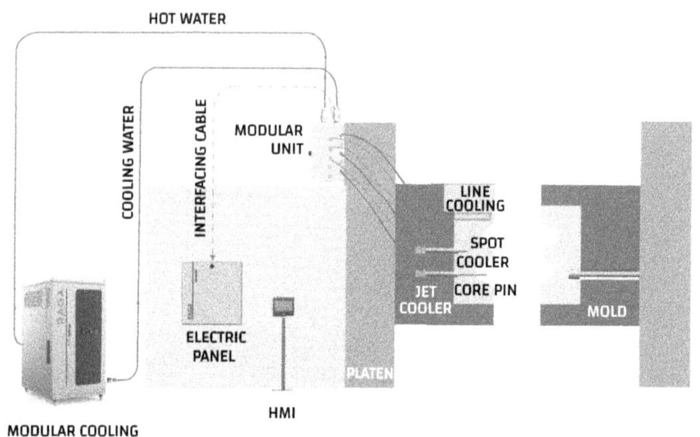

セミソリッド鋳造法

この方法は複雑な製品を優れた精度で鋳造するために使用されます。ポロシティの低減にも優れています。その効果は「チクソトロピー」と呼ばれる金属の特性に依存します。

金属を完全に溶かす通常の鋳造とは異なり、セミソリッド鋳造法では金属素材は液体でも固体でもない状態で注入されます。ペースト状またはスラリー状の状態で、金属素材には粘性があります。ダイキャストのすべての部品が粘性金属で満たされるために加圧射出が必要です。金属素材は約 30 ～ 65% 固体である必要があります。

セミソリッド鋳造法が低ポロシティを実現できるのはなぜなのか?これは、金属素材が不均一に冷却されにくいためです。粘性があるため、表面が裂ける可能性が低くなります。

チクソフォーミング法

このプロセスは、固相線および液相線の温度範囲での金属の挙動を利用します。固相線は、合金または特定の金属が固体のままでいられる最高温度であり、それを超えると溶け始めます。液相線は金属が完全に溶けたときの温度です。

この範囲において金属から優れた機械的特性を得ることができます。このプロセスは通常、微細偏析、収縮、ポロシティなどの鋳造欠陥を軽減するために使用されます。

レオキャスティング法

溶融金属は部分的に固体の合金状態になり、ダイカストキャビティに流れ込む可能性があります。これは、樹枝状結晶を破壊し、粘性金属中に気泡が存在しないようにするために、機械的に 撹拌することによって鋳造することができます。

チクソフォーミング法に対するレオキャスティング法の利点は、半固体の供給材料が液体から冷却される鋳造機で生成されるため特別な供給材料が必要ないことです。そのため従来のインゴット材料を使用できます。これにより、チクソフォーミングビレット生成に関する追加コストが不要になります。

ガス誘起セミソリッドスラリー鋳造

ダイカストにおける主なポロシティ欠陥は、乱流による閉じ込められたガス孔と収縮孔です。閉じ込められたガスの多孔性欠陥を減らす現在の方法は、金型設計の最適化と真空技術の適用です。収縮孔率を確保するために、いくつかのダイキャスターにはジェットクール技術とローカルスクイズピンが適用されます。

セミソリッド技術も使用されます。しかし、使用できる合金が限られており、また金型の設計やマシンに変更を加える必要があるなどのいくつかの制限があるため、この技術はダイカスト業界では広く適用されていません。

ガス誘起セミソリッド(GISS)技術には、過熱スラリーの準備と鋳造が含まれるため、すべての合金を変更せずに既存の金型で使用することができます。そのため、ガス欠陥や収縮孔欠陥を大幅に減らすことができます。さらに、金型の寿命延長とサイクルタイムの短縮により生産コストも削減されます。

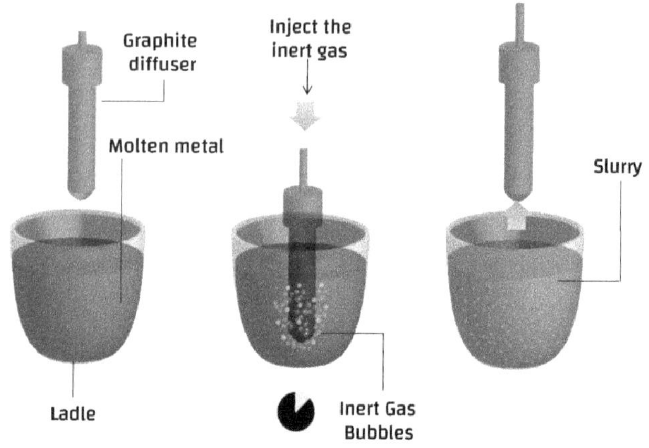

スラリーキャスティングに焦点を当てたレオキャスティング技術の 1つが、ガス誘導セミソリッド技術です。

セミソリッドスラリー鋳造方法

最初に目的の固体画分に合わせてスラリーを調製する必要があります。さまざまなプロセスで使用することができます。その後高圧で金型に射出するか、重力下で金型に流し込むか、もしくは金型に押し込みます。

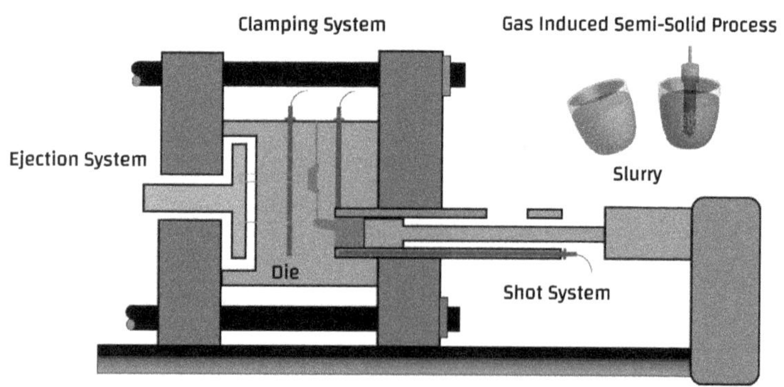

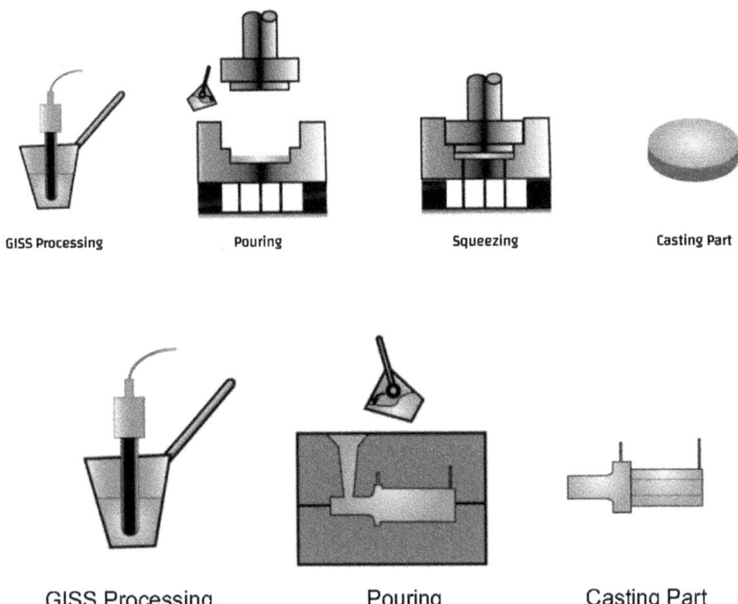

TiA – ダイカスト用 AI テクノロジー

ダイカスト会社は、シックスシグマやリーン生産の原則などの手法を使用して生産量を最適化し、ポロシティを最小限に抑えます。しかし、最終的には大量のスクラップや計画外の故障が発生しています。

国際的な競合企業は常にコスト削減を求めています。エネルギーと材料のコストは常に上昇傾向にあります。これらのダイカスト会社や鋳造工場では、これらの課題にどのように対処しているのでしょうか?

ドイツの企業 Tvarit GmbH 社では人工知能を活用しています。一般的な従来のAI モデルは、従来の PLC/DCS システムからの統計データポイントを使用しているためほとんど機能していません。実際のダイカスト工程では予期せぬ事態が発生することが多いためです。

それでは、何が必要なのでしょうか？物理センサーでは決して測定できない、情報を含む現場の現実を再現する AI モデルが必要なのです。

形状、入力材料、メンテナンス、金型データ、その他のバリエーションに関する情報を考慮した物理プロセスをシミュレートできる AI ソリューションが必要です。

このソリューションは、温度、圧力、水/空冷などの IoT センサーからデータを取得し、これらを出力側の品質 (ポロシティ欠陥など) と照合できる必要性があります。

最終的には将来の生産バッチの欠陥を簡単に予測できる場合にのみ、有効的に使用することができます。

AI システムは、プロセス温度が正しく設定されていない場合、たとえば次のダイカスト生産バッチの不良率が2% になることを機械オペレータまたはシフト監督者に警告する必要があります。

AI モデルは、入力材料の分光写真データや金型の形状などの追加データも処理できる必要があります。また、100% 確実なものにするために、メンテナンス、溶解、脱ガス、機械加工、塗装工場、さらには鋳造工場の周囲条件からのデータも処理する必要があります。

AI モデルは、鋳造工場の欠陥がほぼゼロに確実に削減されるよう、上記の入力要因から生じるさまざまな動的パターンより自律的に学習する必要があります。

主に、AI モデルは、鋳造工場のノウハウを保持、拡張し、より高い収益性 (EBITDA) に変換するためのROI を重視したアプローチをとる必要があります。

Tvarit 社のAI (TiA) は、次の4つのモジュールを通じて機能しています。

1. 規範的な品質

TiA品質予測、エラー根本原因分析、運用チームがとるべき対策の推奨事項により不合格を減少

2. 処方的エネルギー

エネルギー損失を予測し、エネルギーの散逸を削減するための対策を推奨することで、エネルギー消費と排出量を削減

3. 処方保守

工場内のすべての機械、ユーティリティ、部品の最適なメンテナンススケジュールと対策を予測することで、製造の中断を防ぎ、OEE を向上

4. 規範的な生産計画

需要予測、最適な切り替えに関する推奨事項、活動の最適なスケジュールに関する実用的なアドバイスなど、最もエネルギー効率の高い生産計画の作成に重点を置いた規範的なアルゴリズムを使用することで、鋳造工場の生産計画を次のレベルに押し上げ

TiA:

- 物理シミュレーション (有限要素法 – FEM など) と AI モデリングを組み合わせて、前例のない精度を実現します
- 最初のマシンで得た知識を他のマシンに効率的に転送できるように拡張します

ゼロポロシティマネージメント

現実的な予測により、生産を高度に最適化できます

Predictions

Current Wheel Number: 220928-4987

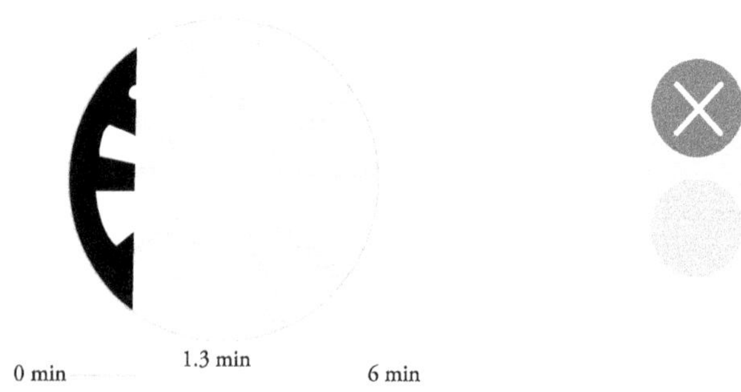

Quality of wheels in the last 60 minutes

Recommended Actions

	Actual	Recommended	Importance	Action Taken
Solidification Pressure (mbar)	850	870	48%	Yes
Temperature Mold (Degree Centigrade)	420	430	22%	Yes
Air Cooling Flow Rate (L/Min)	80	65	18%	Yes
Injection Pressure (mbar)	420	430	8%	Yes
Temperature Oven (Degree Centigrade)	650	660	4%	Yes

View Root Cause Analysis

ケーススタディ

背景

- 優れた品質基準と低いスクラップ率を備えた低圧鋳造機を使用し、自動車部品を大量生産するドイツの鋳物工場

課題

- 自動車部品ポロシティによる高い不良率
- 最適化されていないレシピ、標準的な操作手順、不適切なメンテナンスによる高い不良率

ソルーション

- マシンから取得したレシピ、センサー、メタデータを分析
- ハイブリッド アプローチを使用して、プロセスを理解できる機能を生成
- AI モデルを使用して、廃棄されたコンポーネントの根本原因を特定
- AI ベースのアラートを確立し、スクラップ率を削減するための標準操作手順を最適化
- スクラップ率を最小限に抑えるためにレシピを最適化

結果

- X線による不良率69%削減
- 総不良率 50% 削減

一言で言えば

さて、これでこの本は終わりになりますが気に入ってくれたでしょうか。

この本の中で、私たちの業界でほぼゼロポロシティを達成するための概念、技術、およびそれらの実行についての考え方を共有してきました。

以下、すぐに参照できるように、また再確認のために、本書全体の概要を簡単にまとめておきます。

ZPM エコシステム

ZPMは「ゼロポロシティ管理」の略です。実際的には物理的にポロシティゼロレベルを達成することはほぼ不可能であるため、ポロシティゼロの管理について議論する場合、ポロシティを最小限に抑えることができるダイカストプロセスを意味します。理想的には、ポロシティを最小限に抑えることで収益性が最大化されます。この本はその方法を説明します。

この本は、ゼロポロシティ管理の理由、方法、内容に答えます。

- なぜZPMがあなたの会社にとって1つのツール、1つの目標、1つの目的になる必要があるのでしょうか?
- ZPM はどのように実行しますか?
- ZPM のために何をする必要がありますか?

ゼロポロシティの目標は何でしょうか

組織文化を体系的に育成することが、ビジネスとしてポロシティを最小限に抑える事につながり、その結果として利益を最大化することができます。

管理層や従業員の上層、中層、下層を含むコマンドチェーン全体が、ポロシティ抑制の責任があります。

ポロシティを最小限に抑えるには 2つのアプローチがあります。

1. 修正アプローチ
2. 予防的アプローチ

問題が発生した場合は修正アプローチに従いトラブルシューティングを行います。このアプローチは短期的な解決策を提供しますが将来の問題の発生を防ぐことはできません。それは何度も繰り返されるため、あなたはそれを修正し続けそのサイクルが続いていくことになります。

修正アプローチには次のようなさまざまな段階があります。

- 問題を特定する
- 問題の程度を測定する
- ソースを分析する
- トラブルシューティング

予防的アプローチは根本原因を突き止めて問題を完全に解決します。そのためには事前のデータが必要です。それらのデータはテストされて結果を確証させる必要があります。予防アプローチには次のようなさまざまな段階があります。

- さまざまな入出力を観察し、データを収集するためのモニタリング

- 問題の特定
- ソースを分析し観察結果を収集
- フレームワークに従ってトラブルシューティングを行い、同じ問題が繰り返されないようにする

ZPM エコシステム解読

予防および修正プロセスとは別に、さまざまな方法で ZPM エコシステムにアプローチできます。

組織階層全体でポロシティゼロの目標を優先します。

リアルタイムのフィードバックを取得し、ポロシティに対する保護措置を実行できるようにするフレームワークを設計および最適化します。

これには、製品設計、ツール設計、ゲート設計、プロセス制御、およびフィードバックが含まれます。

このフレームワークは、上記のアプローチに従います。

予防的アプローチにより、積極的に対策を講じ、問題の芽を摘み、問題が繰り返し発生するのを防ぐことができます。

修正アプローチでは、消火活動をしているかのように問題に対処します。根本原因には対処せず、常に症状に対処します。

次に、製品設計、工具設計、ダイカストプロセス、生産と品質、金型とプラントのメンテナンスに至るプロセス全体を表示する 360 度の角度 (ZPM 360°) で ZPM を表示および分析します。

最後に、コラボレーション、目的の尊厳、才能とスキルの開発、実行、機敏性、イノベーションをポロシティの減少と結び付ける ZPM 文化の維持と育成に行き着きます。

3つすべてが結合して ZPM エコシステムを形成します。

さまざまな合金がポロシティのレベルにどのような影響を与えるか、ポロシティを最小限に抑えてダイカストの品質を最大化するためにどのような技術を適用できるかなど、ダイカストの多くの技術的側面がカバーされています。

ダイカスト業界に影響を与える動向:

仕事に対する従業員の態度は、特に新型コロナウイルス感染症以降変化しています。彼らはより良い機会を積極的に探しています。自宅で仕事をすることを好む人もたくさんいます。あなたが置かれている場所によっては、人材の不足と入手しやすさが存在します。

組織は結集してより大きな組織を形成し、世界的な競争に対抗し、より大きなプロジェクトに取り組んでいます。

グローバル展開が容易になることで、OEM は高品質のダイカスト製品を製造できるダイカストメーカーから調達できるようになり、品質をアップグレードできないダイカストメーカーからの調達機会が減ります。

物流コストがかかるため、OEM が物流コストを回避または大幅に削減できるよう、自国内または近隣諸国からのダイカスト製品を調達する逆グローバル化も起こっています。

EVメーカーのテスラはギガ・プレスへ生産方法を切り替えていますが、これは多くの自動車メーカーに対して、個々の部品を個別に生産するのではなく、巨大な部品を一度にダイカストするための巨大なダイカスト設備への切り替えを強いています。この変化により、多くのダイカスト企業はダイカスト設備をアップグレードする必要があるでしょう。

これらの出来事やその他多くの出来事は、あなたのダイカスト会社がビジネスとして孤立して存在しているわけではなく、地域的現象と世界的現象の両方に直面する競争のレベル、また達成すべき品質の程度に影響を与えることを示しています。

この本の焦点は、ポロシティを最小限に抑えて製品をほぼ自動的に製造できるZPMエコシステムの進化を支援することです。これにより、短期的にも長期的にも世界的な競争力が高まり、収益性が高まります。

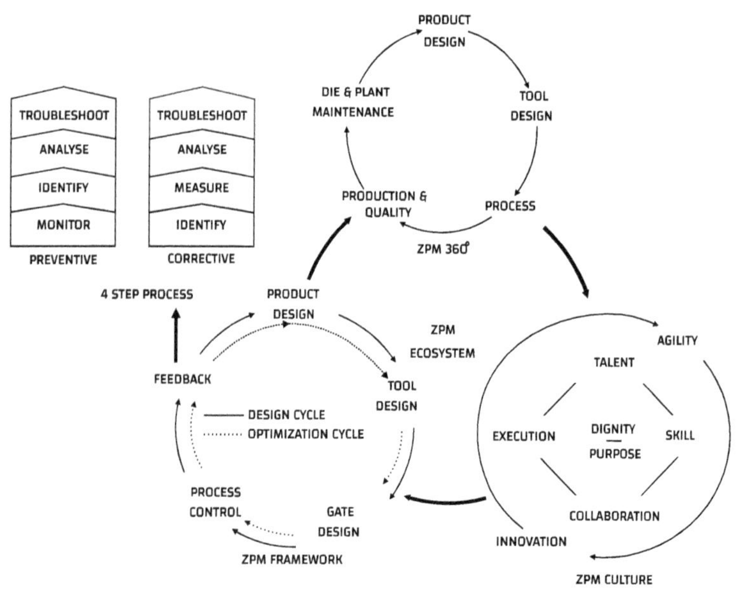

これから先

おめでとうございます、本書を最後まで読み終えていただき。ここまで読み終えたあなたは他の多くの本を読んだことがあると思います。

どの本も影響力を与えるために書かれておりこの本も例外ではありません。

本書の目的は、ポロシティゼロを目指すことで得られる無限のメリットを皆さんに感じていただくことです。この本では、ダイカスト業界に直接的または間接的に影響を与えるさまざまな概念について説明してきました。

ポロシティはテクノロジーや技術的なことより、管理に関与する影響の方が大きいため、私は深い技術専門的な内容には触れていません。あなたができることは決断です。あなたにできることは選択です。

この本を読んだ後、あなたには 2つの選択肢があります。

選択肢 1: この本から学び、そこからアイデアを取り入れ自分で実行し始めること

選択肢 2: もしさらに深く掘り下げてポロシティを最小限に抑えた生産を最大化したい場合、25年以上現場で働き国内外のトップダイカストを支援してきた人物と緊密にブレインストーミングしたい場合、rahat@ragagroup.com までメールを送っていただければ、1対1での会話をさせていただきます。何かお手伝いできることがございましたら、喜んでお手伝いさせていただきます。しかしながらそれは義務ではありませんので、申し添えておきます。

www.ingramcontent.com/pod-product-compliance
Ingram Content Group UK Ltd.
Pitfield, Milton Keynes, MK11 3LW, UK
UKHW021658190726
13853UKWH00001B/330